U0449148

语文课程之学理

王荣生 —— 著

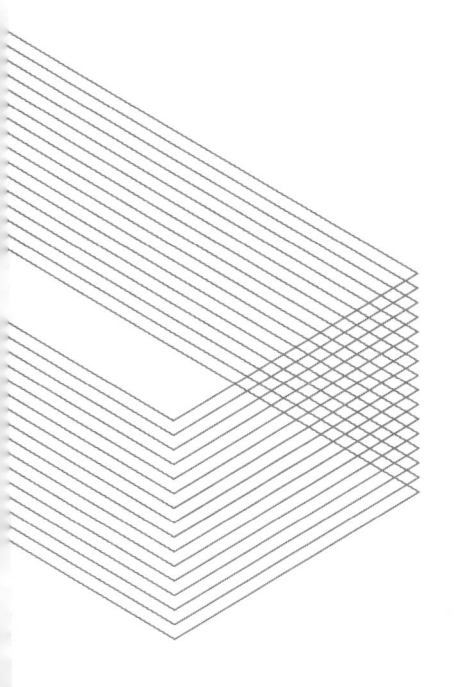

长江出版传媒 | 长江文艺出版社

图书在版编目（CIP）数据

语文课程之学理 / 王荣生著. -- 武汉：长江文艺出版社，2024. 8. -- （大教育书系）. -- ISBN 978-7-5702-3658-9

Ⅰ．G633.302

中国国家版本馆 CIP 数据核字第 202439C90Y 号

语文课程之学理
YUWEN KECHENG ZHI XUELI

责任编辑：黄海阔	责任校对：毛季慧
设计制作：周　佳	责任印制：邱　莉　丁　涛

出版：长江出版传媒　长江文艺出版社
地址：武汉市雄楚大街 268 号　　邮编：430070
发行：长江文艺出版社
http://www.cjlap.com
印刷：武汉中科兴业印务有限公司

开本：720 毫米×970 毫米　1/16	印张：16.375
版次：2024 年 8 月第 1 版	2024 年 8 月第 1 次印刷
字数：203 千字	

定价：49.80 元

版权所有，盗版必究（举报电话：027—87679308　87679310）
（图书出现印装问题，本社负责调换）

自 序

本书汇集我在近两年所写的学术论文和后记、序等文章，仿制我在商务印书馆出版的自选集《语文教学之学理》及体例，拟书名《语文课程之学理》。

"学理"其实就是"讲理"，学术地讲道理，讲学术的道理。书名"语文课程之学理"的"之"有两层意思：一是"的"，可理解为"语文课程的学理"；二是动词"到那里去"，可理解为"语文课程走向学理"。"语文课程的学理"，是对本书内容的一个总括；在我看来，所谓语文教育研究或语文课程研究，就是去发现语文教育或语文课程之学理并加以清楚明白地阐述。"语文课程走向学理"，则是对本书的价值和意义的一种期许：希望这本书对语文课程的改善、改进乃至改变，有些助益。

《普通高中语文课程标准（2017年版2020年修订）》和《义务教育语文课程标准（2022年版）》的颁布和实施，标志着语文课程与教学进入了一个新的时代。我们面临着新的机遇和挑战。

我认为，对语文课程标准文本的共识理解，是语文新课程标准顺利落地实施的必要前提。在我看来，语文课程内容（语文课程知识）的问题在当今乃至今后依然是语文课程与教学的主要问题。本书中的论文和文章分三辑。

辑一"语文课程标准文本中的关键词"：依据课程标准文本的明文表述，解释"语文学习任务群"和"语文学习任务"的含义，辨析语文课程"学习主题"的应有之义，揭示语文课程的核心词"阅读理解"。

辑二"语文课程知识"：以后记、序、科普文章的形式，论述"文类视角"的当下意义，评析当今颇为热门的"情境·任务·活动"的代表性课例，论述"语文学习任务群"写作课程、写作知识与学习写作的应该模样，讲述如何来学习和消化语文教学新引进的课程知识"阅读策略"。

辑三"实用性阅读的阅读类型举隅"：解析"阅读类型"，论述"以获取资讯为目的的阅读""程序性文本的操作性阅读""自我导向的致用性阅读"，以期为主要的"语文学习任务群"之一"实用性阅读与交流"提供必要的课程知识。

王荣生

2024 年 6 月 20 日

目录 | CONTENTS

辑一 语文课程标准文本中的关键词 / 001

"语文学习任务群"的含义 / 003

"语文学习任务"的含义 / 025

语文课程"学习主题"辨析 / 052

语文课程的核心词"阅读理解" / 082

辑二 语文课程知识 / 103

"文类视角"的当下意义 / 105

写作知识与学习写作 / 136

"真实语境的写作"再出发 / 146

阅读理解与阅读策略 / 161

辑三　实用性阅读的阅读类型举隅 / 183

阅读取向、阅读方式与阅读类型 / 185
以获取资讯为目的的阅读 / 200
程序性文本的操作性阅读 / 218
自我导向的致用性阅读 / 236

辑一
语文课程标准文本中的关键词

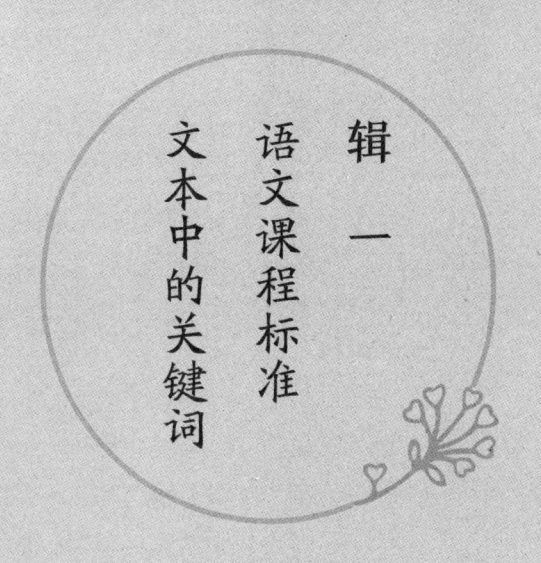

依据课程标准文本的明文表述，解释"语文学习任务群"和"语文学习任务"的含义，辨析语文课程"学习主题"的应有之义，揭示语文课程的核心词"阅读理解"。

"语文学习任务群"的含义[①]

"语文学习任务群"以促进"自主、合作、探究"学习方式为主要目的。作为课程内容组织方式的"语文学习任务群",是在语文课程标准修订过程中发明的一个专用名词,它作为语文课程研制的工作概念,专用于组织和呈现语文课程内容。所组织和呈现的课程内容的载体,一是语文课程的学习领域,义务教育语文课程设置6个"语文学习任务群",二是"学习任务群(如任务群1)"内容组织,在课程标准文本中体现为所列举的"系列学习任务"。对语文课程标准的文本有共识理解,是语文新课程标准顺利落地实施的必要前提。

正如有论者所说,"语文学习任务群"是本次语文课程改革的热点和焦点[②],从一提出就引起了各界和广大语文教师的广泛关注。自2017年起,以"任务群"为主题词的各类文章已有4230篇,其中以"任务群"为篇名的1315篇。然而大家的普遍感受是:大量涌现的关于"语文学习

[①] 本文原载《中国教育学刊》2022年第11期,有修改。

[②] 李博雅,靳彤. 学习任务群研究综述(上)[J]. 中学语文教学参考·高中,2021(3):3.

任务群"的文章众说纷纭①，高中语文教学和小学语文、初中语文一些先行的教学探索出现了一些误区②，许多正在或将要实施新课程的语文教师茫然不知所措③。这将较严重地影响《义务教育语文课程标准（2022年版）》顺利落地实施。

本文采用文本分析的方法，解析"语文学习任务群"的含义。

研究基于三个假设：（1）对语文课程标准文本的共识理解，是语文新课程标准顺利落地实施的必要前提。（2）语言具有社会公共性，课程标准文本中的词语和语句可以也应该有共识理解。即使文本在表述上有瑕疵，或者受文本形式和语言线性表达等因素的制约，有些在文本中没有明晰表达的含义，我们也可以借助语境和上下文语脉得出共识性的推论。（3）课程标准是按课程研制的逻辑编制的文本。按照课程研制的基本逻辑来解读课程标准，有助于达成共识理解。

本文不涉及对语文课程标准的具体内容的评议。与其他各科的课程标准一样，《普通高中语文课程标准（2017年版2020年修订）》和《义务教育语文课程标准（2022年版）》在核心素养界定、聚焦核心素养的课程目标表述、课程内容整合、制定学业质量标准等方面，都取得了突破性进展，并将在课程实施的实践中持续完善。

---

① 文艺，崔允漷. 语文学习任务究竟是什么？［J］. 课程·教材·教法，2022（2）：13.

② 《语文建设》编辑部. 语文学习任务群的"是"与"非"——北京师范大学王宁教授访谈［J］. 语文建设，2019（1）：4-5.

③ 荣维东，李雯雯，张耀友. 语文"学习任务群"统解［J］. 语文教学通讯·高中，2022（6）：14.

一、在课程标准的文本语境中看

中文文献中罕见使用"任务群"① 这个词语，以往的教育教学理论从无"任务群""学习任务群"的说法，之前的语文教育研究没有关于"语文学习任务群"的论文著作。"语文学习任务群"这个专用名词及其简略语"学习任务群""任务群"，首创于《普通高中语文课程标准（2017 年版）》，沿用于《义务教育语文课程标准（2022 年版）》，其简略语"任务群"也应用于新设置的《义务教育劳动课程标准（2022 年版）》。因此，解析"语文学习任务群"含义，应放置在普通高中和义务教育语文课程标准的文本语境中，并联系普通高中和义务教育《课程方案》及各科的课程标准文本。

课程标准是按课程研制的逻辑编制的文本。课程研制有多种模式和方法，但都共同遵循课程研制的基本逻辑。课程研制必须内在一致地依次回答以下 7 个问题：

1. 为什么要设置这一门课程？明确课程的性质和地位。

2. 是哪种取向的课程？明确课程取向。课程取向在课程标准文本中表述为"课程理念"。语文课程理念，体现国家教育政策和基础教育课程共同的价值取向，指明语文课程与教学改革的方向。

3. 这种取向的课程，学习目标是什么？要描述预期的学习结果，明确课程总目标。界定"学科核心素养"或课程"核心素养内涵"，与核心素养相对应地分段或分条表述课程总目标。课程设有几个学段，则总目标分解为学段目标。

---

① "百度学术"以篇名查询，2017 年之前共 6 篇论文，都是理工科学术论文，如"生态系统固碳任务群"。

4. 为达成这样的课程目标，学生需要学习什么？课程内容的选择。

5. 课程内容如何组织和呈现？有三个方面：一是学习领域的划分，对课程内容做第一层级的划分，形成课程的内容框架。二是课程内容的组织方式，包括各学习领域内的内容要素的结构、内容要素的纵向联系和横向联系、与其他学习领域的内容要素的联系等。三是课程内容的呈现方式，在课程标准文本中表现为课程内容具体条目的陈述方式。课程内容的组织和呈现方式，与课程理念尤其是所倡导的主要学习方式有密切联系。示意图如下。

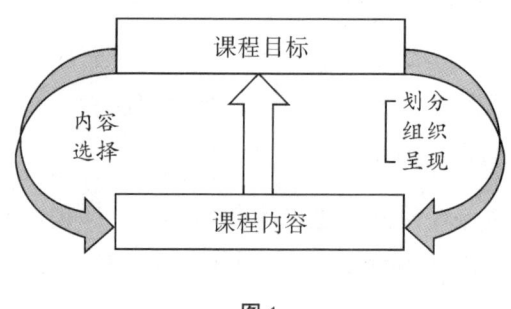

图1

6. 课程如何实施？涉及课程形态、学习方式等许多方面。课程形态一般由《课程方案》统筹；在《课程方案》总原则下，各科课程标准主要关注具有本课程特点的学习方式。

7. 如何评价学生的学习成效？本次课程标准修订的一大成绩，各科都制订了学业质量标准。

课程标准文本的结构，通常依照上述7个方面的次序。按课程研制的基本逻辑来解读，较容易看清楚"语文学习任务群"的含义并达成共识理解。

"语文学习任务群"属于课程内容的范畴，主要回答上述第5个问题"课程内容如何组织和呈现"，与第6个问题中的学习方式也有密切联系。

二、作为课程内容组织方式的"任务群"

本次义务教育各科课程标准修订的重点是"优化课程内容结构":"基于核心素养发展要求,遴选重要观念、主题内容和基础知识,设计课程内容,增强内容与育人目标的联系,优化内容组织形式。"①

例如义务教育数学课程"以数学核心内容和基本思想为主线"②,课程内容由数与代数、图形与几何、统计与概率、综合与实践四个学习领域组成。科学课程以"所有学生在义务教育阶段应该掌握的科学课程的核心内容"③设置13个学科核心概念和4个跨学科概念。地理课程"搭建基于地理空间尺度的主题式内容框架"④,从空间尺度的视角对课程内容进行组织,按照"宇宙—地球—地表—世界—中国"的顺序,引导学生认识人类的地球家园。以《义务教育数学课程标准(2022年版)》为例,示意图如下。

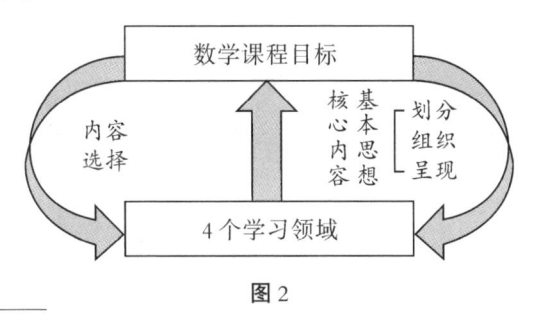

图2

---

① 中华人民共和国教育部.义务教育课程方案(2022年版)[S].北京:北京师范大学出版社,2022:4.

② 中华人民共和国教育部.义务教育数学课程标准(2022年版)[S].北京:北京师范大学出版社,2022:16.

③ 中华人民共和国教育部.义务教育科学课程标准(2022年版)[S].北京:北京师范大学出版社,2022:16.

④ 中华人民共和国教育部.义务教育地理课程标准(2022年版)[S].北京:北京师范大学出版社,2022:7.

语文课程标准修订组基于语文课程"综合性、实践性"的特点,本着"加强实践性,促进学生语文学习方式的转变"的课程理念,创造性地发明了"语文学习任务群"这个专用名词,作为语文课程研制的工作概念,作为优化语文课程结构的"抓手",用以组织和呈现语文课程内容。《普通高中语文课程标准(2017年版2020年修订)》明确"以语文学科核心素养为纲,以学生的语文实践为主线,设计语文学习任务群"①。《义务教育语文课程标准(2022年版)》进一步明确"义务教育语文课程内容主要以学习任务群组织与呈现"②。以《义务教育语文课程标准(2022年版)》为例,示意图如下。

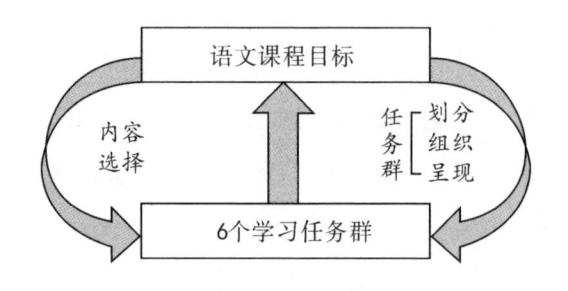

图3

"语文学习任务群"作为课程内容组织方式,一是组织语文课程内容的架构,划分语文课程的学习领域;二是组织一个"任务群"内(比如"任务群1")的课程内容。而组织方式是在课程研制过程中运行的,它必须以具体的内容要素为载体而物化为经组织的"课程内容"。物化"课程内容"表现为两个方面:一是所划分的学习领域,二是"任务群"内(比如"任务群1")的构成内容及其排列,也就是"系列学习任务"。

---

① 中华人民共和国教育部. 普通高中语文课程标准(2017年版2020年修订)[S]. 北京:北京师范大学出版社,2020:8.
② 中华人民共和国教育部. 义务教育语文课程标准(2022年版)[S]. 北京:北京师范大学出版社,2022:19.

三、"语文学习任务群"即语文课程的学习领域

语文课程是广域课程,涉及思想、情感、语言、文化、文学、文章、听说读写等许多方面,具有综合性的特点。语文课程的学习领域可有多种划分方式。

例如1963年《全日制小学语文教学大纲(草案)》分为"识字/写字、课文、练习、作文"这4个学习领域;《义务教育语文课程标准(2011年版)》分为"识字与写字、阅读、写作、口语交际、综合性学习"这5个学习领域;国外的母语课程大都设置文学、语言艺术两门课程,语言艺术课程大都按语言、阅读、写作、口语沟通等划分学习领域。不同的划分并无绝对的对错优劣,每种划分凸显着语文课程的某些方面,同时也遮蔽了语文课程的另一些方面。

《普通高中语文课程标准(2017年版2020年修订)》以语文学科核心素养为纲,以学生的语文实践为主线,设计"语言积累、梳理与探究"等18个"学习任务群"。《义务教育语文课程标准(2022年版)》三个层面设置6个"学习任务群"。

表1 6个语文学习任务群

1. 基础型	语言文字积累与梳理
2. 发展型	实用性阅读与交流
	文学阅读与创意表达
	思辨性阅读与表达
3. 拓展型	整本书阅读
	跨学科学习

上述6个"任务群",即义务教育语文课程的6个学习领域。作为学习领域的"语文学习任务群",在语文课程标准中已经设计、设置完毕。

对语文教材编制和语文教师来说,课程实施中不存在再设计"语文学习任务群"(语文课程的学习领域)的问题,正如数学教材编制和数学教师无须也不可在国家课程标准之外另行设计"数学学习领域"一样。

《义务教育劳动课程标准(2022年版)》也是以"任务群"组织课程内容的,劳动课程共设置10个"任务群"①(笔者注:相当于学习领域),课程实施是从这10个"任务群"中选择项目,而不是去"设计第11个任务群"。

四、"学习任务群"内部是"系列学习任务"

"任务群"(比如"任务群1")内物化的"课程内容",在课程标准文本中体现为所列举的"系列学习任务"。例如义务教育语文课程标准"发展型任务群——文学阅读与创意表达"。

表2　文学阅读与创意表达

第二学段(3-4年级)②
(1)阅读并讲述革命故事、爱国故事、历史人物故事,感受幸福生活来之不易,表达自己对美好生活的向往以及对革命英雄、仁人志士的崇敬之情。
(2)阅读描绘大自然、表现人类美好情感的诗歌、散文等文学作品,结合自己的生活体验,尝试用文学语言表达自己热爱自然、珍爱生命的情感。

---

① 中华人民共和国教育部.劳动课程标准(2022年版)[S].北京:北京师范大学出版社,2022:11.

② 中华人民共和国教育部.义务教育语文课程标准(2022年版)[S].北京:北京师范大学出版社,2022:26-27.

续表

第二学段（3-4年级）
（3）阅读富有想象力和表现力的儿童文学作品，欣赏富有童趣的语言与形象，感受纯真美好的童心，学习用口头或者图文结合的方式创编儿童诗和有趣的故事，发展想象力。

"系列"有两个含义：一是横向的，比如上表中小学3-4年级的"文学阅读与创意表达"有3个系列的"学习任务"。二是纵向的，课程的阶段性与发展性，比如义务教育各学段的"发展型任务群——文学阅读与创意表达"。

对语文课程研制来说，"任务群"或许还是课程内容的呈现方式。同理，呈现方式是在课程研制过程中运行的，它必须以具体的内容为载体而物化为经组织的"课程内容"。物化的"课程内容"，在课程标准文本中体现为对"学习任务"的具体表述。

可能会有一种观感，似乎上表所列举的"系列学习任务"，都不大像"学习任务"。这可以做两种解释，取决于对"系列学习任务"如何定义。下述两种解释在语文课程标准的文本中都能找到依据。

1. 强式解释。把"系列学习任务"解释为较大的"学习项目"，有论者称之为"大单元教学"[1]。

如果抱着强式解释的观点，那么就会认为：语文课程标准文本中的课程内容"只宽泛地规定学习领域、主题"[2]。也就是说，课程标准中所列举的"课程内容"是方向的引领，设计"若干学习项目"或"系列学习任务"是教材编制者和中小学语文教师的工作。

---

[1] 陆志平. 七问语文大单元 [J]. 七彩语文教师论坛，2021 (10).

[2] 张心科. 在确定性与不确定之间：语文课程内容与语文学习任务群 [J]. 福建基础教育，2021 (11)：33.

比如课程内容"精读古今中外优秀的文学作品,感受作品中的艺术形象,理解欣赏作品的语言表达,把握作品的内涵,理解作者的创作意图"①,教材和教师据此设计"以任务为导向,以学习项目为载体,整合学习情境、学习内容、学习方法和学习资源"②的较大课程单位的"学习项目"或"系列学习任务"。

代表性的案例如:"比如学习鲁迅小说,我们设计一个学习任务:学习、排练、表演梅阡的话剧《咸亨酒店》。组织学生阅读研究话剧及所涉及的《长明灯》《狂人日记》《药》《明天》《孔乙己》《祝福》《阿Q正传》七篇小说和相关资料,撰写并交流讨论故事梗概、人物小传、阅读心得。"③

2. **弱式解释**。对"学习任务"有较宽泛的理解。

如果抱着弱式解释的观点,那么就会认为:语文课程标准中类似于"活动目标"表述的课程内容,它们就是该"任务群"中的"系列学习任务"。语文教材编制者和语文教师的工作,主要是将课程内容教材化、教材内容教学化。

比如课程内容"阅读描绘大自然、表现人类美好情感的诗歌、散文等文学作品,结合自己的生活体验,尝试用文学语言表达自己热爱自然、珍爱生命的情感"④,教材和教师据此设计"围绕特定学习主题,确定具有内在逻辑关联的语文实践活动"⑤的"学习任务"。

普通高中语文课程标准研制组组长王宁教授在一篇采访录里说道:"学习任务群并不是一个从零开始的全新的东西,而是在原有教学成功的

---

①② 中华人民共和国教育部. 普通高中语文课程标准(2017年版2020年修订)[S]. 北京:北京师范大学出版社,2020:17,8.

③ 陆志平. 语文学习任务群的特点[J]. 语文学习,2018(3):7.

④⑤ 中华人民共和国教育部. 义务教育语文课程标准(2022年版)[S]. 北京:北京师范大学出版社,2022:26,19.

实践基础上提出来的，它在形式上跟过去的语文课并没有太大区别。实际上，学习任务群就是一种课堂教学，不过是转变了一下内在的主体，把以教为主变成了以学为主。这种课堂教学形式还是要阅读、要写作，学生还是要做语文活动那三条——阅读与鉴赏、表达与交流、梳理与探究。"①

《义务教育语文课程标准（2001年版）》明确表述："义务教育语文课程内容主要以学习任务群组织与呈现。"② "主要"是课程内容建设和课程实施的努力方向，由于不同的学段和具体课程内容所需要的"非主要"的课程内容组织和呈现方式，也有其必要性。

五、"任务群"以学习方式促进学习方式

课程内容的组织和呈现，与学习方式有密切联系。本次各科课程标准修订的最大成绩之一，就是以课程内容呈现方式的变革，带动"自主、合作、探究"学习方式的落地。

我国在国家层面上推进"自主、合作、探究"学习方式至少已有20年，2001年义务教育各科课程标准和2003年普通高中各科课程标准，都倡导"自主、合作、探究"。然而，推进的效果却不明显。义务教育课程修订综合专家组指出："这是因为，不结合课程内容的抽象的教学方式变

---

① 《语文建设》编辑部.语文学习任务群的"是"与"非"——北京师范大学王宁教授访谈[J].语文建设，2019（1）：4-5.

② 中华人民共和国教育部.义务教育语文课程标准（2022年版）[S].北京：北京师范大学出版社，2022：19.

革，虽不能说一无是处，却终究事倍功半。"① "学生成为教学主体之'本'，从课程研制的角度来看，是课程内容及其组织方式中所预设、内隐的学生的主动活动。"② "为此，我们应转变课程研制观念，让学生进入课程。"③

让学生进入课程，首先要创造学生能够进入的条件。"此次义务教育课标修订，通过核心概念、大观念、主题或任务群来结构化课程内容，为学生的主动活动（经验）提供了课程前提。"④学生进入课程，是通过课程内容的组织和呈现方式来实现。一是课程内容的组织，"课程内容"分有"内容要求""学业要求""教学提示"三个板块。二是课程内容的呈现方式，从学生的角度以类似于"活动目标"的方式呈现课程内容（内容要求）。

比较地理课程标准2011年版和2022年版，可以清楚地看到"课程内容"（内容要求）呈现的变化。

---

①②④ 郭华. 落实学生发展核心素养 凸显学生主体地位——2022年版义务教育课程标准解读[J/OL]. 四川师范大学学报（社会科学版）. 网络首发论文，2022-5-8：2-3.

③ 郭华. 让学生进入课程——新版义务教育课程标准修订工作心得[J]. 全球教育展望，2022（4）：12.

表3　地理课程标准 2011 年版和 2022 年版

2011 年版①	2022 年版②
1. 地球的形状、大小与运动 ● 了解人类认识地球形状的过程。 ● 用平均半径、赤道周长和表面积描述地球的大小。 ● 用简单的方法演示地球自转和公转。 ● 用地理现象说明地球的自转和公转。 2. 地球仪 ● 运用地球仪，说出经线与纬线、经度与维度的划分。 ● 在地球仪上确定某地点的经纬度。	1. 地球自转 ● 运用地球仪或软件，演示地球的自转运动，说出地球的自转方向、周期。 ● 结合实例，说出地球自转产生的主要自然现象及其对人们生产生活的影响。 2. 地球公转 ● 运用模型或软件，演示地球的公转运动，说出地球的公转方向、周期。 ● 结合实例，说出地球公转产生的主要自然现象及其对人们生产生活的影响。

　　义务教育课程修订综合专家组的上述认识和本次义务教育各科课程标准修订在"课程内容"呈现上所取得的成就，很有说服力。

　　然而语文课程标准好像是个例外。语文课程向来是基础教育课程改革的急先锋，早在《义务教育语文课程标准（2001年版）》《普通高中语文课程标准（2003年版）》，就领先于各科把"积极倡导自主、合作、

---

①　中华人民共和国教育部. 义务教育地理课程标准（2011年版）[S]. 北京：北京师范大学出版社，2011：7.

②　中华人民共和国教育部. 义务教育地理课程标准（2022年版）[S]. 北京：北京师范大学出版社，2022：9-10.

探究的学习方式"明确作为语文课程最重要的"课程理念"①,并采用上述类似于"活动目标"的方式来陈述"课程目标"(含课程内容,2011年修订版改为"课程目标与内容")。例如义务教育语文课程标准第四学段阅读领域的"目标与内容",举例见下表②。

表4 第四学段阅读领域的"目标与内容"(节选)

- 对课文的内容和表达有自己的心得,能提出自己的看法,并能运用合作的方式,共同探讨、分析、解决疑难问题。
- 欣赏文学作品,有自己的情感体验,初步领悟作品的内涵,从中获得对自然、社会、人生的有益启示。对作品中感人的情境和形象,能说出自己的体验;品味作品中富于表现力的语言。

然而,在"积极倡导自主、合作、探究的学习方式",并在语文教科书、语文教学、学生多元评价、语文教研活动、语文教师培训和语文中考、高考改革等多方面不断加强措施的20年后,中小学语文教学的基本面依然被认为是"学科知识逐'点'解析、学科技能逐项训练的简单线性排列和连接""大量讲解分析的教学模式"。③ 也就是说,"自主、合作、探究"的学习方式在中小学语文教学中并没有落地。

因此,还必须进一步"加强实践性,促进学生语文学习方式的转变"④。加强的路径是课程内容的组织"以语文学科核心素养为纲,以学生的语文实践为主线,设计语文学习任务群","学习任务群以自主、合

---

①② 中华人民共和国教育部. 义务教育语文课程标准(试行2001年版)[S]. 北京:北京师范大学出版社,2001:3,15.

③④ 中华人民共和国教育部. 普通高中语文课程标准(2017年版2020年修订)[S]. 北京:北京师范大学出版社,2020:9,3.

作、探究性学习为主要学习方式，凸显学生学习语文的根本途径"。①

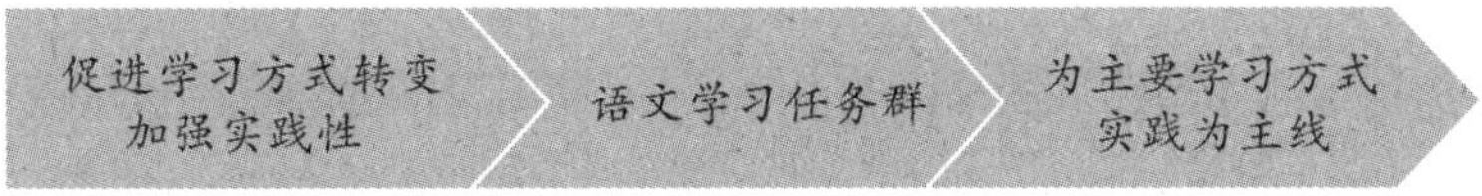

```
促进学习方式转变 → 语文学习任务群 → 为主要学习方式
加强实践性                              实践为主线
```

图 4

也就是说，以实践为主线，加强实践性；以"自主、合作、探究"为主要学习方式，促进"自主、合作、探究"学习方式的发展。《普通高中语文课程标准（2017年版2020年修订）》《义务教育语文课程标准（2022年版）》是《普通高中语文课程标准（试验2003年版）》《义务教育语文课程标准（试验2001年版）》的加强版。一是加强实践性，2001年版和2011年版提法是"主要途径"，2022年修订版"以实践为主线"。二是进一步促进"自主、合作、探究"的学习方式，2001年版和2011年版"积极倡导"，2022年修订版"为主要方式"。

为进一步促进主要学习方式的实现，我们要以学生的语文实践为主线，设计"语文学习任务群"来组织语文课程内容。这是普通高中和义务教育语文课程标准本次修订的着力点，其与各科课程标准修订有所不同。

六、结论与讨论

综上所述，设计"语文学习任务群"以促进"自主、合作、探究"学习方式为主要目的，凸显学生学习语文的根本途径。

作为课程内容组织方式的"语文学习任务群"，是在语文课程标准修

---

① 中华人民共和国教育部. 普通高中语文课程标准（2017年版2020年修订）[S]. 北京：北京师范大学出版社，2020：8.

订过程中发明的一个专用名词，它作为语文课程研制的工作概念，专属于优化语文课程结构的"抓手"，用以组织和呈现语文课程内容。

所组织和呈现的课程内容的载体，一是语文课程的学习领域，义务教育语文课程分三个层面设置6个"语文学习任务群"；二是"学习任务群（如任务群1）"内容组织，在课程标准文本中体现为所列举的"系列学习任务"。

《普通高中语文课程标准（2017年版2020年修订）》《义务教育课程标准（2022年版）》已经颁布实施，从课程标准研制的角度来说，作为工作概念的"语文学习任务群"已胜利完成其所担负的职能。从课程实施的角度来看，"语文学习任务群"已具体化为普通高中语文课程的18个"学习任务群"、义务教育语文课程的"语言文字积累与梳理"等6个"学习任务群"，接下来的工作重心是将课程标准的文本转化为语文课程建设和语文教学改革实践。笔者借此机会谈几点学习体会并提出如下建议。

（一）按其本义谨慎使用"语文学习任务群"的称谓

如上文中所说，在教育教学的话语体系中从无"语文学习任务群"及其简略语"学习任务群""任务群"这样的专用名词（术语）；无须讳言，"语文学习任务群"不是在语文教育研究中逐渐生成的一个学术概念，而是在课程标准修订的特殊情境下智慧地发明的一个工作概念。发明即创新；就因为是创新，"语文学习任务群"这个专用名词就有可能成为教育教学话语体系中，尤其是世界母语教育的话语体系中一个新生的、有中国特色的专用术语。

笔者认为，发明"语文学习任务群"这一工作概念，可能功德无量——如果我们按其本义谨慎地使用的话。众所周知，我国近现代的学校课程都是从国外移植的，唯有母语语文课程却"无所傍依，只能另起炉灶"(叶圣陶语)。但上百年来几代语文教育研究者左冲右突却一直找不出一个较好的法子。原因是多方面的;其中之一,笔者以为是对语文能力研究的层级太高。笔者《在哪个层级上描述语文能力?》一文中写道:

> 在我国语文能力和语文测试研究中,"语文能力"一直是在听、说、读、写的范畴层级做相当概括的笼统描述。纵观国外的语文课程标准和语言能力测试框架,语文能力的描述层级正在下移。我们应根据国民语文活动的实际情形,从有利于语文教育和语文测试的角度,来判定国民语文能力描述的合宜层级,来归纳具有中国特色的阅读、写作和口语交际的"功能类型"并较具体地提炼和描述其能力要素。①

拿"体育"来类比,"阅读能力、写作能力、口语交际能力"等,相当于"球类能力、田径能力、体操能力"等,是在较为宏观的范畴这个层级上对语文能力做相当概括因而笼统(空洞)的描述。为能改变这种状况,笔者承担并完成的《国民语文能力研究(阅读篇)》基础理论研究项目,大致鉴别出实用性阅读(包括语文课程标准所说的"论辩性阅读")等8种主要阅读类型及其亚类型,比如"以获取资讯为目的的阅读""方法类读物的致用性阅读""较快地'读过'一本理论书"等,也初步搭建了教育情景下的文学阅读能力的描述框架。但这项基础理论的研究如何回馈到中小学语文教育,笔者想不出什么好的办法。

据笔者所知,世界基础教育教学改革的主要走向,是改革学校课程的课程目标指向,从封闭的"学校情境"转变为指向"与现实世界

---

① 王荣生. 在哪个层级上描述语文能力? [J]. 北京: 语言规划学研究. 2020(第10辑): 59-66.

（real-world）相关"①的"真实情境"——国外教育教学著作中所说的"真实情境"，大都是指课程目标的"真实"，而不是教学论、课堂教学法所说的"创设情境"。

也就是说，学习数学的目标指向不是做数学题得考试分数，而是学生通过具体知识的学习（做数学题得考试分数）逐渐学会"用数学的眼光观察现实世界，用数学的思维思考现实世界，用数学的语言表达现实世界"②。语文课程也是这样，其目标指向应该是在"现实的世界"（真实情境）里"使用语文"。

"语文学习任务群"破土而出，以直击靶心的强冲力，使得"真实的世界"里"使用语文"的课程目标指向，一下子变得显豁、鲜亮而且有了一定的可操作性。按"学习任务群"所划分的语文学习领域、以"系列学习任务"来组织和呈现"课程内容"，为在"真实的世界"里"使用语文"的课程目标指向，提供了实现的机会和实施的场域。

笔者以为，我们应该不忘发明"语文学习任务群"这个工作概念的初心，并继续把它用作语文课程内容建设的"抓手"。比如"文学阅读与创意表达"，如果当作一个具有独特功能的"学习任务群"类别来看的话，就有可能朝着国民"文学生活"③这个方向去改善乃至重塑教育情景下的中小学文学课程与教学。

有些论者试图把"语文学习任务群"这个词语"学理化（理念化）"，所采取的办法是拆字和灌装。一是拆字法，把"语文学习任务

---

① 加里·D. 鲍里奇. 有效教学方法（第四版）[M]. 易东平译. 南京：江苏教育出版社，2002：93.

② 中华人民共和国教育部. 义务教育数学课程标准（2022年版）[S]. 北京：北京师范大学出版社，2022：5-6.

③ 温儒敏. 引入"文学生活"的视野，天地陡然开阔[A] //温儒敏主编. 当前社会"文学生活"调查研究[M]. 南京：江苏凤凰教育出版社，2017：1.

群"这个专用名词（7个字是一块的，表示一个特指的概念），拆分成"语文学习任务""学习任务""任务"乃至"群"等等①，然后按词典的语义和自己对语义所做的很特别的诠释，试图揭示"语文学习任务群"的"深刻内涵"。笔者以为这种做法不是学术研究的正路子——语文教育界拆"语文"这两个字拆了70年，拆出了什么名堂吗？二是灌装法，几乎把体现基础教育改革先进理念的所有"好词汇"、把语文教育教学的所有"好做法"，都灌装进"语文学习任务群"这个专用名词里。② 笔者以为这不是明智的做法，灌装的结果一定是众说纷纭因而不知所云。一个专用名词的含义不知所云，就失去了语词最基本的沟通功能，因而也就意味着失去了进入教育教学话语体系的资格。

正如崔允漷教授所言，语文教育教学研究，要研究的是"语文学习任务"，而不是"语文学习任务群"——"语文学习任务群"已经在语文课程标准明确地设置了。③ 在《义务教育语文课程标准（2022年版）》颁布实施的当口，揪住"语文学习任务群"这个在语文课程标准文本中有明确所指的词语众说纷纭，不但无益而且有害。

笔者建议，珍惜"语文学习任务群"这个创造性的工作概念，按其本义谨慎使用。在未建立起共识理解之前，规范用法是加双引号，表示其是专用名词（7个字是一块的，表示特定含义，术语、行话）。英文用简略语"任务群"，汉语拼音首字母大写"RWQ"。

---

① 李博雅，靳彤. 学习任务群研究综述（上）[J]. 中学语文教学参考·高中，2021（3）：3.

② 荣维东，李雯雯，赵泽龙. 语文学习任务群的学理阐释与实践反思[J]. 教师教育学报，2022（3）：101-111.

③ 文艺，崔允漷. 语文学习任务究竟是什么？[J]. 课程·教材·教法，2022（2）：13.

(二) 区别两种"任务群"理念

有两种"任务群"理念：一种是国家语文课程的"课程理念"，一种是一些语文教育研究者所秉持的"任务群理念"。

1. 课程理念

《义务教育语文课程标准（2022年版）》明确表述，"构建语文学习任务群，注重课程的阶段性与发展性"是"课程理念"。

> 义务教育语文课程结构遵循学生身心发展规律和核心素养形成的内在逻辑，以生活为基础，以语文实践活动为主线，以学习主题为引领，以学习任务为载体，整合学习内容、情境、方法和资源等要素，设计语文学习任务群。学习任务群的安排注重整体规划，根据学段特征，突出不同学段学生核心素养发展的需求，体现连贯性和适应性。①

意思表达得很明白，是设计语文课程的学习领域、安排课程内容的"课程理念"。如前文所述，义务教育的国家语文课程，设置6个"任务群"，即6个语文学习领域。

2. 任务群理念

"任务群理念"对"学习项目""学习任务"持"强式解释"的观点。"任务群理念"与国家语文课程的"课程理念"有同有异，差异之处在于"任务群理念"赋予了"任务群"许多在语文课程标准的文本中无明确表达的含义。

---

① 中华人民共和国教育部. 普通高中语文课程标准（2022年版）[S]. 北京师范大学出版社，2022：2.

笔者赞同"任务群理念"所言说的理念，但认为那些理念都不专属于"任务群理念"。比如"自主、合作、探究"的理念，不专属于"任务群理念"。

(三)"任务群教学"之类的说法，是词语误用

目前流行的"任务群教学""学习任务群设计"之类的说法，是词语误用。"基于任务群"之类的说法，也不合适。

如前所述，"语文学习任务群"（"学习任务群""任务群"）在语文课程标准中已经设计、设置完毕。自《义务教育语文课程标准（2022年版）》颁布实施，我国语文课程全部或即将全部都是"任务群"，普通高中语文课程18个"任务群"，义务教育语文课程6个"任务群"。说"基于任务群"，意思是基于国家课程标准，而基于国家课程标准，也就是基于国家统编教材。

教学设计的单位是各"任务群"（比如"任务群1"）中的"学习项目"或"学习任务"。这个道理不复杂，应该有共识理解。眼下"任务群教学"之类的说法满天飞，不是语文教师不明白这个道理，而是因为"任务群"语文学习领域的称谓，有一些表达上的难题。

作为一个学习领域，"'文学阅读与创意表达'学习任务群""'思辨性阅读与交流'学习任务群"等，与原来的"阅读""写作""口语交际"等学习领域是同一级别的课程单位。

一直有"阅读教学""写作教学""阅读教学设计""写作教学设计"等说法，依此类推，当然可以说"'文学阅读与创意表达'任务群"教学、"'思辨性阅读与交流'任务群"教学设计等等。但是，这种由数个语词构成的专用名词（术语、行话），表述累赘因而在语境中往往需要简化，跟上下文搭配时也要有所变通。一旦脱离了上下文语境，就很容易

造成误用。

　　笔者建议采用两个处理办法：一是用编号，比如"任务群1教学设计""任务群2教学"等。二是在表述中隐去"任务群"，表述为"'文学阅读与创意表达'教学设计"等。

　　中小学语文教材全部采用按新课程标准编制的统编本之后，教学和教学设计当然依据教材的具体内容，误用现象就会淡化或消失。

"语文学习任务"的含义[①]

对语文课程标准文本的共识理解，是语文新课程标准顺利落地实施的必要前提。只有放置在教育教学话语体系中，课程标准文本中关键词的含义才能达成共识理解。语文课程标准文本中有两组专用名词，一组是"语文学习任务"及其简略语"学习任务"，均为教学设计的常规含义，所说的"设计语文学习任务"，意思是确定教学目标、选择教学内容。一组是"语文学习任务群"及其简略语"学习任务群""任务群"，包裹在"语文学习任务群"里的"语文学习任务"，其含义是"整体的真实的学习任务"。作为目标任务，两组专用名词的关系，一是整体关系，它们分属于课程标准研制与课程实施；二是具体关系，即较长远的目标任务与具体的学习任务的关系。

"语文学习任务"是新修订语文课程标准文本中最为重要的关键词。然而，在高中语文新课程标准颁布实施已有5年的今日，对"语文学习任务"解读仍然"研究者众说纷纭"[②]，高中语文教学改革和小学语文、

[①] 本文原载《课程·教材·教法》2022年第11期，有修改。
[②] 文艺，崔允漷. 语文学习任务究竟是什么？ [J]. 课程·教材·教法，2022 (2)：13，18.

初中语文一些先行的教学探索"误用现象严重"①，许多正在或将要使用新课程的语文教师茫然不知所措②。这势必较严重地影响《义务教育语文课程标准（2022年版）》顺利落地实施。

对语文课程标准文本的共识理解，是语文新课程标准顺利落地实施的必要前提。本文采用文本分析的方法，解析语文课程标准文本中"语文学习任务"的含义。语文课程标准文本中有两组专用名词：一组是"语文学习任务"及其简略语"学习任务"；一组是"语文学习任务群"及其简略语"学习任务群""任务群"。厘清这两组专用名词的含义及其关系，是本文研究的重点。在课程标准文本中还频频出现"任务"这个词，其中有一些是专用名词，但需借助上下文语境才能辨识其具体含义，本文也纳入考察范围。

表1 语文课程标准文本中该关键词的情况

	专用名词	高中语文课标文本次数	合计次数	义教语文课标文本次数	合计次数
A	语文学习任务	2	5	1	11
	学习任务	3		10	
B	语文学习任务群	4	121	4	33
	学习任务群	56		28	
	任务群	61		1	
C	任务	(15)		(19)	

研究基于三个假设：（1）对语文课程标准文本的共识理解，是语文

---

① 《语文建设》编辑部. 语文学习任务群的"是"与"非"——北京师范大学王宁教授访谈［J］. 语文建设，2019（1）：4-5.

② 荣维东，李雯雯，张耀友. 语文"学习任务群"统解［J］. 语文教学通讯·高中，2022（6）：14.

新课程标准顺利落地实施的必要前提。（2）语言具有社会公共性，课程标准文本中的词语和语句可以也应该有共识理解。由于受文本形式等因素的制约，有些在文本中没有明晰表达的含义，或有表述上的瑕疵，我们也可以借助语境和上下文语脉得出共识性的推论。（3）课程标准是教育教学文件，对课程标准文本中关键词的理解，必须与教育教学话语体系中的通用术语建立起学术联系。只有放置在教育教学话语体系中，课程标准文本中关键词的含义才能达成共识理解。

一、"学习任务"的常规含义

"学习任务"这个术语是关于"学什么""教什么"的，属于课程与教学内容的范畴。"学习任务"的含义，在教育教学界向来是有理解共识的，只是因为现在的话语体系中很少再用这个词语，习焉不察导致这个常识在语文课程标准文本的特定语境里认不出来了。

教育教学的话语体系，有学习心理学、教育心理学、教学论、教学设计理论、课程论等多个来源多种观点，各自有不同的角度和术语，因而在解析"学习任务"这个词语之前，必须对"学习"和"教学"这两个术语有一致的理解。

"学习"是学习心理学的最基本概念，有不同角度的定义，但含义都是一致的。"学习"的核心是"变化"，通俗地讲，就是学习者学到一点什么东西①——知识、技能、经验、对大概念的理解等等。例如学生阅读一段课文，认识了原来不认识的字词，就是"学习"。

---

① 罗伯特·M.加涅《学习的条件》第二章标题就是"所学习的东西——不同的种类"。罗伯特·M.加涅.学习的条件[M].傅统先，陆有铨，译.北京：人民教育出版社，1985：1（目录）.

在学习中，学习者的大脑里有两种状态，一种是学习之前的状态，另一种是学习之后的状态；学习之后的状态跟学习之前的状态发生了变化。这就是"学习"最基本的含义。学习理论对"学习"的定义和解说见下表。

表2 "学习"的定义和解释

> 学习是由经验引起的学习者知识（事实、程序、概念、策略、信念等）的变化。①
> ——理查德·E. 梅耶《应用学习科学：心理学大师给教师的建议》
> 关键是学习意味着改变，在某种程度上是持久性的改变。②
> ——克努兹·伊列雷斯《我们如何学习：全视角学习理论》

现在让一名5年级学生阅读下面这段课文，假定他认得这段课文里的每个字，能流利朗读，这是起始状态。老师问：如果课文题目里加一个"的"，加在哪里呢？这是教学，试图引起学生阅读经验的变化。学生加成这样：黄山奇（的）松。加成这样，表明学生对这段的阅读理解不对，因而他需要学习一点新的内容。

表3 《黄山奇松》课文第一段

> **黄山奇松**
>
> 被誉为"天下第一奇山"的黄山，以奇松、怪石、云海、温泉"四绝"闻名于世，而人们对黄山奇松，更是情有独钟。山顶上，陡崖边，处处都有它们潇洒、挺秀的身影。

---

① 理查德·E. 梅耶. 应用学习科学：心理学大师给教师的建议 [M]. 盛群力, 丁旭, 钟丽佳, 译. 北京：中国轻工业出版社, 2016: 14.

② 克努兹·伊列雷斯. 我们如何学习：全视角学习理论[M]. 孙玫璐, 译. 北京：教育科学出版社, 2010: 3.

"能阅读理解这一段文字所表达的意思",这是学生的学习目标,因而也是教师角度表述的教学目标;为了使学生能够阅读、理解这段文字,学生需要学习的内容,从教师角度来表述即教学内容。

阅读理解的核心是"推论"。阅读理解不是字面上读来读去,而是运用"推论"读出文字所没有明言的意思。比如在这里,"黄山"是一个词,"奇松"是一个词,题目应理解为"黄山(的)奇松"。学生不明白,问:为什么"的"字要加在这里呢?学习活动展开后,也就是在教学过程,教师运用各种教学方法引导学生探究学习。"奇松、怪石、云海、温泉"是一个并列词组,并列词组里的词语结构都是一样的,它们分别指黄山的四样东西;"奇松"这个词里的两个字是一块的,不能拆开。"黄山奇松"就是"黄山松"的意思,黄山的每一棵松树都是"奇松"。如果学生明白了,那么下一句里的"处处"和"它们"可能也理解了。这就达到了这一个环节的教学目标。

作为教学设计的术语,"学习任务"源于罗伯特·M.加涅于1956年提出的"学习任务分析"。在《学习的条件》《教学设计原理》等著作中,加涅解说道①:在教学设计中,至少包括两种目标,一种是课程结束时应达到的目标,称为"终点目标";一种是课程学习过程中必须达到的目标,因为它们是达到"终点目标"的前提条件,称之为"能使目标"。所举的例子恰巧是语文教学:"例如,一个阅读理解的课程的终点目标是'将一段文章的主要思想分类',那么'将课文中的陌生的单词按其意义分类'可能被认为是一个使能目标。"

"终点目标"即教学目标,预期的学习结果。"学习任务分析"从既定的预期学习结果进行逆推,分析学生达到该教学目标所必需的前提,

---

① R·M.加涅,L·J.布里格斯,W·W.韦杰.教学设计原理[M].皮连胜,庞维国,等,译.上海:华东师范大学出版社,1999:150.

明确学生需要"学什么"。明确学生需要"学什么",用现在的术语说,就是选择教学内容。语文课程标准文本所说的"设计学习任务",意思就是进行学习任务分析、确定教学目标、选择教学内容。

学校常规教学中凡是用"学习任务"这个术语的,都按罗伯特·M.加涅所界定的含义。学习任务分析,一般用于较小的课程单位,后来还广泛用于学困儿童的教育诊断和智能技术中的机器学习任务分析。但也可以用于较大的课程单位进行学程设计,这就从教学领域走到了课程领域。

课程与教学的原理是相通的。本次修订的义务教育艺术课程标准,按"学习任务"来组织课程内容。例如"美术 第二学段（3-5 年级）""学习任务 1",见下表。

表 4 义务教育艺术课程标准（2022 年版）片段①

学习任务 1：感受中外美术的魅力

【内容要求】

● 欣赏中外著名艺术家的美术作品,如绘画、雕塑、书法、篆刻、摄影、设计、建筑、媒体艺术等,了解不同美术门类的特点。

● 欣赏中国民间美术作品,如剪纸、皮影、年画、泥塑、刺绣、蜡染等,了解作品的材料、用途和特点。

● 学会用感悟、讨论、比较等方法,运用线条、形状、色彩、肌理等造型元素,以及对称、重复、对比、变化等形式原理,欣赏、评述中外美术作品。

在上表中,"感受中外美术的魅力"是一个较大课程单位的学习任

---

① 中华人民共和国教育部. 义务教育艺术课程标准（2022 年版）[S]. 北京：北京师范大学出版社, 2022：54.

务，在教学中转化为几个单元的教学目标；上表中的"内容要求"即"学习任务1"的课程内容，教师要结合具体学习材料转化为具体的教学内容。

二、"学习任务"的第二种含义

"学习任务"的第二种含义，源于成人培训项目、医学等高等教育和学校非正式教学。它抛弃了"教学目标"这个概念，而直接把真实情景"学习任务"作为目标任务。

源于比利时的"任务型语言教育"，起初是针对成人移民的培训项目。鉴于一些语文教育研究者对"任务型语言教育"缺乏了解，有必要费一些笔墨介绍它的背景：（1）学员是成人，母语为非比利时官方语言，比如菲律宾人；（2）移民到比利时工作生活，必须使用官方语言；（3）可能大多是体力劳动者，自学语言的能力不强，也没有正规学习的条件；（4）成人，有强烈的学习动机；（5）所学的是满足基本生活需要水平的语言，例如日常生活中的口语、读懂招工广告之类的应用文等。

针对这种非常特殊的培训对象，比利时语言教育专家们研发了"任务型语言教育"培训项目。在梳理教学研究的文献后，"任务型语言教育"的课程研制者发现："几乎任何和教学活动相关的事情现在都可以被称作'任务'。"[1] 因此，他们清醒地意识到："为了防止……令人不知所云，有必要明确使用'任务'这一词语时，我们想表达什么。"[2]他们严格区分：

1. 作为目标的任务。即预期的学习结果，指在课程或单元结束后，

---

[1][2] Kris Ven Branden. 任务型语言教育：从理论到实践［M］. 陈亚杰，等，译. 北京：外语教学与研究出版社，2011：3.

学生在真实情境中能够做的事。

2. 用于评估的任务。设计与目标任务相类似的任务，用于证实预期的学习结果是否完成及其完成的程度，涉及指标、权重、级差及等级表现描述等评估标准。

3. 任务是课堂教学活动的基本单位。教师把"任务"作为课堂教学活动的基本单位，把课堂任务当作目标任务的简易变体。每个"任务"是一节课，教学有引入任务、任务执行和任务后三个阶段。

作为目标的"任务"，他们定义为："任务是人们为了达到某种目的而从事的活动，活动的开展使语言的使用成为必需。"① 所谓"语言的使用成为必需"，也就是成人移民满足基本生活需要水平的基础语言能力，也就是语音、词汇、句法、语言使用习惯等经选择的知识点和语言技能。"任务型语言教育"的研制者根据具体语言任务的共同特点对任务进行分类并明确系列"类型任务"。然后对各"类型任务"进行系统描述，确定该类型任务的语音、词汇、句法、语言使用习惯等知识点和技能。进而开发了作为目标的任务、作为课堂活动的任务、作为评估的任务一整套课程资源体系。

把整体真实的"学习任务"作为目标任务，最具代表性的教学设计理论是荷兰的杰罗姆·范梅里恩伯尔和保罗·基尔希纳的"综合学习设计"。综合学习设计用于"通常需要实时开发的"② 成人职业培训项目，例如文献检索。"综合学习设计"又称为"四元素十步骤系统方法"。四元素是"学习任务、相关知能、支持程序、专项操练"。十步骤系统方法

---

① Kris Ven Branden. 任务型语言教育：从理论到实践 [M]. 陈亚杰等，译. 北京：外语教学与研究出版社，2011：4.

② 杰罗姆·范梅里恩伯尔，保罗·基尔希纳. 综合学习设计——四元素十步骤系统方法 [M]. 盛群力，陈丽，王文智，译. 福州：福建教育出版社，2012：2, 27.

的第一个步骤是"设计学习任务"——"现实生活中的任务作为设计学习任务的基础",模拟任务环境设计具有逼真度的"整体的真实的学习任务"①。

源于医学院的"基于问题的学习",主要应用于法学院和商学院的"案例教学"等,都是把"学习任务(解决真实问题)"作为目标任务。

从上面介绍中可以看出,直接把真实情景"学习任务(解决真实问题)"作为目标任务,是高度情景性的,受制于种种特殊条件。

表5 "整体的真实的学习任务"概貌

教学模式	学习资源	学习任务	学习内容	学习者
任务型语言教育	设定的语言点和技能	整体的真实的学习任务;作为目标的学习任务,在课程或单元结束后,学生在真实情境中能够做的事,直接迁移应用。	知识点理解、记忆;技能学习和操练;方法的情境性学习和迁移应用;策略的情境性学习和迁移应用。	成人,有较强的学习动力;有明确的职业(专业)定位,学习目标明确;学习内容与将要从事的工作有直接关系。
综合学习设计	设定的知识点和技能			
基于问题的学习	分门别类的系统的医学教科书			
案例教学	大量的法律条文和典型判例			

即使是医学院、法学院和商学院,"基于问题的学习""案例教学"也不多见。在著作《综合学习设计》前言,杰罗姆·范梅里恩伯尔解释②:"综合学习设计法"可能也可应用于中等和高等职业教育的一些课

---

①② 杰罗姆·范梅里恩伯尔,保罗·基尔希纳.综合学习设计——四元素十步骤系统方法[M].盛群力,陈丽,王文智,译.福州:福建教育出版社,2012:2,27.

程，但很难应用于学校的常规教学，即使在荷兰也没有中小学用于课程和教学设计。"任务型语言教育"最主要的标志是"作为目标的任务"完全真实，从这个意义上说，"任务型语言教育"世界独此一家。我国外语教育所借鉴的，主要是其中"任务作为课堂教学活动的基本单位"，也就是教学法。比如任务驱动型研究生公共英语系列教材中的《任务型学术写作》①，其"学习任务"是英语学术论文的语法、语篇等知识和语言技能，采用任务驱动的教学法来编制教材。

如果就事论事，那么上面所介绍的把整体真实的"学习任务"作为目标任务，与我们有 12 年跨度的基础教育语文课程没有直接关系。与我们有关系的，是它们的教育教学原理和系统研究的方法；就目前的话题来说，主要是以下两点。

一是课程的目标指向。据笔者所知，21 世纪世界基础教育教学改革的主要走向，是改革学校课程的课程目标指向，从封闭的"学校情境"转变为指向"与现实世界（real-world）相关"②的"真实情境"——国外教育教学著作中所说的"真实情境"，大都是指课程目标的"真实"（真实学习），而不是教学论、课堂教学法所说的"创设情境"。作为目标的"学习任务"，指的是在课程或单元结束后，学生在真实情境中能够做的事。所谓"真实情境"中能够做的事，指的是在现实世界里有素养的成年人在正常的情况下所做的事。比如常态的阅读——通过阅读获取信息、学习知识、解决问题、参与文学生活、获得思想和精神的启迪。

二是作为目标的"学习任务"任务分类。"任务型语言教育"的核

---

① 刘文宇，王慧莉，金启军，总主编. 任务型学术写作 [M]. 北京：中国人民大学出版社，2008：1-2.

② 加里·D. 鲍里奇. 有效教学方法（第四版）[M]. 易东平，译. 南京：江苏教育出版社，2002：93.

心是鉴别出了"类型任务"。"综合学习设计"的基础,是把技能分出了"基于规则的加工(熟练技能)能力"和"基于图式的加工能力"两个"任务类别",十步骤系统方法的第二、三个步骤就是"排序任务类别"进而"设定学业目标"。

与"整体的真实的学习任务"(真实学习)有直接联系的,是对学业质量进行阶段性评价的"真实性评估"。对"真实性评估",威金斯和麦克泰有言简意赅的解说,摘录见下表。

表6 UbD 术语详细说明真实性评估①

UbD 术语详细说明
真实性评估 真实性评估的目的是看到学生模拟或再现重要的、真实世界的表现。真实性任务构建了一个包括真实目的、真实受众和真实约束在内的真实背景。因此,是评估的背景,而非任务本身,使学习任务变得真实;而所谓"真实"也不仅仅指任务基于表现或练习。

上表中的"真实性任务",又称为"迁移任务""表现任务"。威金斯和麦克泰《理解为先单元教学设计实例》中有一个高中英语(语文)《麦田里的守望者》作为评估证据的"表现任务"样例,见下表。

表7 作为评估证据的"表现任务"样例②

《麦田里的守望者》评估证据——表现任务
霍尔顿怎么了?你是书中医院咨询委员会的成员。深入阅读和讨论霍尔顿对去年12月的事情的陈述,你的任务是:(1)写一份医院的总结报告;(2)给霍尔顿的父母写一封信,解释他的病情。你应该安排与他父母的会面,解释并证明你对霍尔顿行为的分析。

---

①② 格兰特·威金斯,杰伊·麦克泰. 理解为先单元教学设计实例 [M]. 盛群力,张恩铭,等,译. 宁波:宁波出版社,2020:299,33.

三、"学习任务"与"任务驱动"

当代的学习理论涵盖学习的三个维度，21世纪基础教育课程改革，同时撬动学习的三个维度。一是内容维度，即知识、理解和技能，"学习者的能力、见识和理解是通过内容维度"；二是动机维度，"它涵盖动力、情绪和意志"；三是互动维度，"符号性的词汇是活动、对话和合作"。[1]

作为目标的"学习任务"属于内容维度，但同时也撬动着动机维度和互动维度。本小节论述的"任务驱动"则主要关乎动机维度和互动维度。就学校课程而言，动机维度和互动维度的目的是增进内容维度的学习，即深度学习。

"任务驱动"这个术语，是关于"怎么学""怎么教"的，属于教学论、教学方法的范畴。"任务驱动"的重点不在于"任务"而在于"驱动"；"驱动"的重点也不在于"驱"而在于"动"，即学生自愿主动地投入学习中。

在教育教学话语体系中，"任务"和"问题"差不多是同一个意思[2]：学生愿意去做一件事，这是"任务"；但是这件事是他现在做不了的，因为他碰到了"问题"，在教育教学领域所说的"问题"通常指知识方面的问题，主要是学科知识方面的问题。比如一个学生想在自家门上贴一副自己撰写的春联，这是他想要做的事情，这件事情会驱动他主动去了解有关春联的知识，这就是"学习"。

---

[1] 克努兹·伊列雷斯. 我们如何学习：全视角学习理论 [M]. 孙玫璐，译. 北京：教育科学出版社，2010：26-28.

[2] M. 戴维·梅里尔. 首要教学原理 [M]. 盛群力，钟丽佳，等，译. 福州：福建教育出版社，2016：21.

"任务驱动"和"问题驱动"是同一个意思，如果让笔者来选的话，那最好选"问题驱动"而不要用"任务驱动"。"任务驱动"是驱动学生去完成"学习任务"，两个不同性质的"任务"搞在一起，有点伤脑子的。

　　一般说，在学校教学中要找到一班学生都想自愿要去做的事情比较难，所以通常都是从"问题"这个角度入手的，即"问题驱动"。"基于项目的学习（PBL）"称之为"驱动性问题"，"理解为先教学设计"（UbD，又译"追求理解的教学"）称之为"引导性问题"，两处中的"问题"英文都是"question"，也就是"提问"。

　　"问题驱动"或者试图用问题来驱动学生的学习，语文教师以前实际上都在做，也就是提问嘛——提出学生们有意愿去探究的问题。比如《黄山奇松》，"如果课文题目里加一个'的'，加在哪里呢？"这就是"问题驱动"。"问题驱动"与过去"激发学习兴趣"有联系，但有不同，"问题驱动"的"提问"是贯穿全程或较长一段学习过程的。比如在教室里贴10个形式上都像诗一样的语篇，请同学们分辨哪些是诗歌哪些不是。"什么是诗歌呢？"这个提问贯穿着这堂课或这个单元的全程。

　　上文中曾说到，任务型语言教育、综合学习设计的案例等，都是高度情境性的，不可能被移植。然而我们可以从方法上来借鉴，比如把课堂任务当作目标任务的简易变体。中小学写作教学"基于真实情境的任务写作"已有多年研究积累和较成功的实践成效，已纳入教育部《中小学幼儿园教师培训课程指导标准：义务教育语文学科教学》①，案例如"选《西游记》人物做同桌""介绍自制的一张父亲节贺卡"，等等。

---

① 中华人民共和国教育部. 中小学幼儿园教师培训课程指导标准：义务教育语文学科教学［S］. 北京：高等教育出版社，2019：95-98.

目前有论者主张"大单元""大情境""大任务"①，其所说的"情境""任务"大抵是教学论、教学法意义上的"任务驱动"。有些论者强调"任务驱动"，这是想推动单元教学。笔者赞同语文教学的实施单位往单元靠；但若以为单元就是好、语文教育教学的问题靠一剂单元药方就能药到病除，笔者以为是天方夜谭——西方国家的语文课程早已单元化，单元了数十年，其学生所学也被他们学界痛批为"一英里长、一毫米深"。

笔者建议了解"基于项目的学习（PBL）"和"理解为先教学设计（UbD）"的课程与教学论专业的同行琢磨琢磨以下两个问题：

（1）"基于项目的学习"在过程中学生要做各种形式的"项目制品"（也就是任务），为什么它非要强调每个项目都必须精心设计一个驱动性问题呢？

（2）"理解为先单元设计"设计模板，"设计真实的情境任务"出现在逆向设计的阶段2——评估证据②，而不是阶段3——学习计划（学习活动），这是什么道理呢？

例如上文曾举例《麦田里的守望者》"霍尔顿怎么了？"那个表现任务，是在设计阶段2——评估证据。其阶段3——学习计划（学习活动）抄录如下："介绍基本问题以及最终的任务和量规。阅读并讨论文章内容。日常记录各种有（或没有）提示的问题。研究潜在的精神问题（抑郁、对死亡的抗拒、精神错乱）。研究约翰伯·恩斯那首暗含书名来源的歌。角色扮演：作为一名工人来处理与各家庭成员和朋友之间的关系。回顾和总结写作的步骤。"③读书、讨论、阅读理解，朴朴实实，并没有

---

① 陆志平.七问语文大单元[J].七彩语文教师论坛，2021（10）.

②③ 格兰特·威金斯，杰伊·麦克泰.理解为先单元教学设计实例[M].盛群力，张恩铭，等，译.宁波：宁波出版社，2020：33.

某些论者所鼓噪的"创设大情境""做大任务"嘛，也没有某些论者津津乐道的"做活动""做制品"那一套玩意儿。

最近有人在解读语文新课程标准时还频频使用"任务学习"这种说法。① 笔者初步查询中文教育教学文献后判定，"任务学习"很可能是一个个性化的生造词语。第二语言教学中有"任务学习法"这一说，特指任务型语言教育的教学法，如 Jane Willis《任务学习法概论》等。新修订的普通高中和义务教育语文课程标准的文本，都没有"任务学习"这个词语。笔者以为，用一些游离于课程标准文本的词语（有不少是个性化的生造词语）来解读课程标准，是一种张狂的学风文风，其所做的"解读"仅是其个人意见而已。笔者还以为，众多的"研究者众说纷纭"，是一线教学"误用现象严重"、一线教师茫然不知所措的根源之一。

四、"学习任务"与"学习项目"

"学习项目"是新修订普通高中课程标准文本中与"学习任务"大致相当的一个词语。

"学习项目"的说法，似乎很容易解说，不就是"学习的项目"嘛，"语文学习项目"不就是"语文的学习项目"嘛。用简单的拆语素的办法，是说给外行人听的；对语文教师这么解释，实际上说的是废话。

初步查询教育教学的中文文献，无"学习项目"这一说法；请教精通英语的同事，回复说在英语里"学习项目"不可以这么搭配。

有"项目"这个术语，主要用于成人教育，如"培训项目"等；也用于学校的非正式教学，如"海外游学项目"等。"项目"这个术语本

---

① 陆志平. 语文学习任务群的五个关键词 [J]. 语文建设，2022 (6)：15.

来就内含"学习"的意思,之所以说"项目",是为了表明它是一种不同于学校正式教学的、具有特定方式的学习。

中文有"项目学习""项目化学习"一说,但那是移植词(译词)①,特指"基于项目的学习(PBL)",即一种跨学科的教学形态和教学模式。教育教学界对此有理解共识,或应该有理解共识。

在教育教学的话语体系中,貌似有"学习"和"项目"连用的,如"在线学习项目""移动学习项目""深度学习项目"等,但正确的理解无疑是"在线学习/项目""移动学习/项目""深度学习/项目",用的还是"项目"这一术语的本义。

普通高中语文新课程标准颁布实施已有 5 年,关于"学习项目"的有论证成分的论文至今未见。查阅《普通高中语文课程标准(2017 年版)解读》(下简称《解读》)一书,不但没有解惑反而更添新乱,直接相关的章节又出现了"项目任务"②"(思辨性阅读与表达)项目教学"③"语文项目活动"④等在课程标准文本中所没有的说法。

"学习项目"这个词语,仅出现在《普通高中语文课程标准(2017 年版 2020 年修订)》,且只在"课程结构"部分"设计依据"第二条的那一段里连续出现过 2 次⑤。在"课程实施"部分,另有 1 次"项目学习"⑥,与"主题阅读、比较阅读、专题学习"并举,明显指"基于项目的学习"。笔者冒昧猜测,"学习项目"很可能是在特定环境、特定上下文语境中的"仿词"。"仿词"是一种修辞手法(语境中机智的生造词),

---

① 陈嘉映. 说理[M]. 北京:华夏出版社,2014:116. 移植词对应于某个外文词,它(译词)的意思基本上是这个外文词的意思。

②③④ 王宁,巢宗祺,主编. 普通高中语文课程标准(2017 年版)解读[M]. 北京:高等教育出版社,2018:92,133,214.

⑤⑥ 中华人民共和国教育部. 普通高中语文课程标准(2017 年版 2020 年修订)[S]. 北京:北京师范大学出版社,2020:8,42.

脱离了特定环境、特定上下文语境，不可能有共识理解，而且不能够被理解。

如果情况真是如此，笔者建议对"学习项目"这个词语做些淡化处理。也就是说，不把它术语化，只做字面意思的解释：高中语文课程标准中的"学习项目"也就是义务教育语文课程标准中的"学习任务"；"若干学习项目"也就是"系列学习任务"的意思。据上述《解读》一书该章节署名作者介绍（间接引用），高中语文课标修订组组长王宁教授就是这么解释的。①

五、课程标准文本中的"学习任务"解析

《义务教育语文课程标准（2022年版）》文本中，"语文学习任务""学习任务"的用语共有11次，其中"课程理念"部分2次，"课程内容"部分5次，"教材编写要求"3次，"阶段性评价建议"1次，另有与"学习任务"语义相当的"任务"一词若干次。见下表。

表8　义务教育语文课程标准文本中的"语文学习任务"／"学习任务"

序号	用语	所涉	含义	原句截录	页码
1	学习任务	理念	常规	以学习任务为载体，整合……设计任务群	2
2			？	课程实施……设计富有挑战性的学习任务	3
3	系列学习任务	课程	常规	语文学习任务群由系列学习任务组成	19

---

① 王宁，巢宗祺，主编．普通高中语文课程标准（2017年版）解读［M］．北京：高等教育出版社，2018：92．

续　表

序号	用语	所涉	含义	原句截录	页码
4	语文学习任务	教学	常规	设计语文学习任务，要围绕特定学习主题	19
5			常规	围绕"我爱我家"等主题设计学习任务	25
6			常规	设计不同类型的学习任务，依托学习任务	45
7					
8	学习任务	教材	常规	设计有意义的学习任务，引导……	52
9			常规	要通过学习任务……体现……发展进阶	52
10			常规	要围绕……设计支架式的学习任务和活动	53
11	学习任务	评价	表现	可以设计综合的学习任务，如诵读……等	49
12	任务		任务	考试命题应……设计多样的问题或任务	50

上表中涉及教学设计和教材编写的有 7 次，均与常规含义一致，即确定教学目标、选择教学内容。例如"设计语文学习任务，要围绕特定学习主题，确定具有内在逻辑关联的语文实践活动。""教材编写体例和呈现方式，要围绕……循序渐进地设计支架式的学习任务和活动。"

在"课程理念"部分，"以学习任务为载体"也是常规含义。另一段中的"设计富有挑战性的学习任务"，似乎可兼做两种解释：一种是常规含义，指富有挑战性的教学目标和内容。但该语句是在"加强课程实施的情境性和实践性，促进学习方式变革"小标题下的，联系上下文语境看，也许是教学法意义上"任务驱动"的意思。

涉及评价的 1 次，其"学习任务"明显指"表现任务"。在"评价建议"部分还多次出现"任务"一词，其中有的是指"表现任务"，例如考试命题应"设计多样的问题或任务"等。

《普通高中语文课程标准（2017 年版 2020 年修订）》文本中，"语文学习任务"出现两次，分别指常规含义和"表现任务"——教材编写要"选用典型材料设计语文学习任务"①"语文学科核心素养需要在真实的语文学习任务情境中综合考查"②。

"学习任务"在文本中出现3次,摘录如下。

(1)常规含义:"'语文学习任务群'以任务为导向,以学习项目为载体,整合……若干学习项目组成学习任务群。学习任务所涉及的语言学习素材与运用范例……"③

(2)似乎可兼做常规含义和教学法意义上"任务驱动"两种解释:"设计有挑战性的学习任务,激发学生阅读外国文学作品的兴趣。"④

(3)表现任务:"以情境任务作为试题主要载体,让学生在……特定情境中完成不同学习任务。"⑤

要引起特别注意的是第(1)语段中的"以任务为导向"。此处"任务"应该是指该语段下一句的主语"学习任务",而不是有些人所解释的⑥教学法意义上的"任务驱动"。两种不同的解释,可能对高中语文新课程实施带来截然不同的影响。

笔者在论述"学习任务"的常规含义和教学法意义的"任务驱动"时曾说过,"学习任务"是课程与教学内容范畴的概念,"任务驱动"则是教学论、教学法范畴的概念。上述似乎可兼做两种解释的两处"设计(富)有挑战性的学习任务",如果意思是"任务驱动"的话,那么应该判定为用词不当;语句中应该去掉"学习"这两个字,改为"设计有挑战性的任务"。如果"设计有挑战性的学习任务"确是原意,那么这个语句就只能做一种解释,那就是"有挑战性的学习目标和内容",即"学习任务"的常规含义。

---

①②③⑤ 中华人民共和国教育部. 普通高中语文课程标准(2017年版2020年修订)[S]. 北京:北京师范大学出版社,2020:8,42,50,46,8.

⑥ 陆志平. 语文学习任务群的五个关键词[J]. 语文建设,2022(6):15.

上述摘录的"表现任务"含义的语句，如"可以设计综合的学习任务，如诵读……等""语文学科核心素养需要在真实的语文学习任务情境中综合考查""以情境任务作为试题主要载体，让学生在……特定情境中完成不同学习任务"等，均是用词不当。学习（教学）与评价有密切联系，但毕竟属于不同的范畴，评价的对象不是"学习任务"，而是学习任务的完成情况，即学业质量。换言之，上述语句中都应去掉"学习"这两个字，或使用"表现任务"，或在上下文语境中单用"任务"一词。

综上所述，普通高中和义务教育语文课程标准文本中的"语文学习任务""学习任务"就是常规含义，课程标准文本中所说的"设计（语文）学习任务"，意思是确定教学目标、选择教学内容。

上文未及讨论的"系列学习任务"，也是常规含义，指某一"学习任务群"（如"任务群1"）的学习目标和课程内容。

六、从"语文学习任务群"拆出的"语文学习任务"

"语文学习任务群"及其简略语"学习任务群""任务群"，是在语文课程标准修订过程中发明的一个专用名词[①]，首创于《普通高中语文课程标准（2017年版）》，沿用于《义务教育语文课程标准（2022年版）》。

一般来说，一个专用名词（术语、行话）特指一个特定的概念，不管这个专用名词由几个词语（语素）构成，都是不可以拆解的。然而当我们要理解之所以这样命名的用意，就有必要了解包含在"语文学习任务群"这个专用名词里的"语文学习任务"的含义。

[①] 据笔者考察，以往的教育教学理论从无"任务群""学习任务群"的说法，之前的语文教育研究没有关于"语文学习任务群"的论文著作。

"语文学习任务群"这个专用名词里的"语文学习任务",与上文所论述的确定教学目标、选择教学内容那个含义的"语文学习任务",在词语结构上是不同的。上文所论述的"语文学习任务"的词语结构是"语文/学习任务";如果其他课程也用这种表述的话,则是"数学/学习任务""科学/学习任务",其中的"学习任务"是一个通用的术语。

"语文学习任务群"这个专用名词里的"语文学习任务",词语结构是"语文学习/任务",这从其简略语就可以判断:"语文学习任务群"—"学习任务群"—"任务群"。这里的"语文学习",相当于"语文课程",指的是学生在语文课程中的语文学习;这里的"任务",指的是"学习任务"。

毫无疑问,包裹在"语文学习任务群"里的这个"语文学习任务",其"学习任务"是笔者在前文中论述的"第二种含义",即把"整体的真实的学习任务"作为目标任务。

把"整体的真实的学习任务"作为语文课程及其"学习任务群"(如"任务群1")的目标任务,是本次语文课程标准修订的课程理念:"以语文学科核心素养为纲,以学生的语文实践为主线,设计语文学习任务群。"① 也就是说,"语文学习任务群"的课程目标和内容,指向语文课程及其"学习任务群"(如"任务群1")结束后,学生在真实情境中能够做的事。比如常态的阅读——通过阅读获取信息、学习知识、解决问题、参与"文学生活"、获得思想和精神的启迪。

近期发表在《课程·教材·教法》杂志的论文《语文学习任务究竟是什么?》,其研究的对象就是从"语文学习任务群"拆出的这个"语文学习任务"。笔者赞同该文作者的结论:"语文学习任务是素养导向的语

---

① 中华人民共和国教育部. 普通高中语文课程标准(2017年版2020年修订)[S]. 北京:北京师范大学出版社,2020:8.

文实践活动，其实质是真实情境下的语言文字运用。"① 如果在"语言文字运用"的前面再加上"学习"两个字，那么该结论的表述就更加准确——其实质是真实情境下学习语言文字运用。

七、理解和把握两组专用名词的关系

（一）理解整体关系：课程标准研制与课程实施

"语文学习任务群"及其简略语"学习任务群""任务群"，是课程研制中使用的工作概念，专用于语文课程内容的组织和呈现方式。所组织和呈现的课程内容的载体，一是高中语文的课程结构和义务教育语文课程的学习领域，即高中语文 18 个"学习任务群"、义务教育语文 6 个"学习任务群"；二是"学习任务群（如任务群1）"的内容组织，在课程标准文本中体现为所列举的"系列学习任务"。

从原则上讲，"语文学习任务是素养导向的语文实践活动"已经体现在语文课程标准的文本中，已具体化为"语文学习任务群"及其"系列学习任务"。例如"文学阅读与创意表达"第二学段的课程内容，见下表。

---

① 文艺，崔允漷. 语文学习任务究竟是什么？[J]. 课程·教材·教法，2022（2）：18.

表9 义务教育语文课程标准"课程内容"片段①

文学阅读与创意表达 第二学段（3-4年级）
（1）阅读并讲述革命故事、爱国故事、历史人物故事，感受幸福生活来之不易；表达自己对美好生活的向往，以及对革命英雄、仁人志士的崇敬之情。
（2）阅读描绘大自然、表现人类美好情感的诗歌、散文等文学作品，结合自己的生活体验，尝试用文学语言表达自己热爱自然、珍爱生命的情感。
（3）阅读富有想象力和表现力的儿童文学作品，欣赏富有童趣的语言与形象，感受纯真美好的童心，学习用口头或者图文结合的方式创编儿童诗和有趣的故事，发展想象力。

"语文学习任务"及其简略语"学习任务"，是课程实施阶段的概念，指涉语文教材编制和语文教学工作。从原则上讲，经审定的按新课程标准编撰的统编本语文教科书，已经体现了"真实情境下的语言文字运用"。比如结合三、四年级具体课文所编写的"阅读描绘大自然、表现人类美好情感的诗歌、散文等文学作品"的若干单元。因而，按统编本语文教科书实施语文教学，原则上就是把整体真实的"学习任务"作为目标任务。

本次课程标准修订的另一大成绩是研制了"学业质量"标准。语文课程标准对学业水平考试也提出明确要求："考试命题应以情境为载体，依据学生在真实情境下解决问题的过程和结果评定其素养水平。"②这样，课程的目标任务、教学的学习任务、评价的表现任务连贯一致，形成课程、教学与评价一体的素养导向的体系。

---

①② 中华人民共和国教育部. 义务教育语文课程标准（2022年版）[S]. 北京：北京师范大学出版社，2022：33，50.

如上所描绘的理想化的图景,示意图见下。

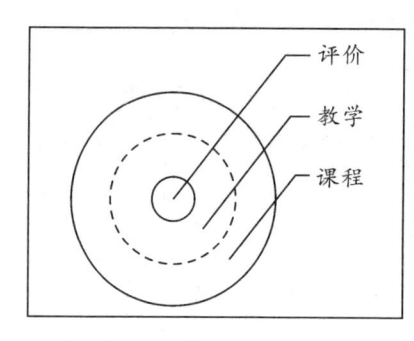

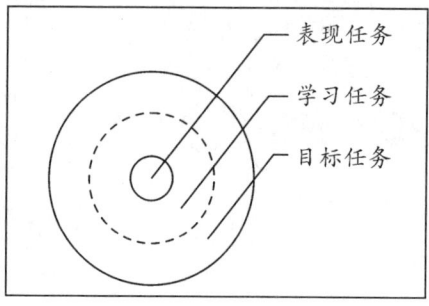

图1

（二）把握具体关系:"真实"情境与"学习"语言文字运用

理想与现实总有距离。受种种因素的影响,语文课程标准可能尚需进一步完善;语文教科书编写要达到理想化要求有不少难度;语文学业水平考试尤其是阶段性评价可能还存在这样或那样的不足;尤其是语文课程中的语文知识（广义）除旧纳新的工作不力,对中小学一线语文教师的专业支持不够,等等。总之,指向较长远的目标任务与落实当前的学习任务,其关系并不那么清晰和容易把握。

依笔者的见解,"语文学习任务群"及其简略语"学习任务群""任务群"这一组指向较长远的目标任务的专用名词,把握的要点是"真实"情境;"语文学习任务"及其简略语"学习任务"这一组指向具体教学的专用名词,把握的要点是"学习"语言文字运用——在语言文字运用中"学习语言文字运用"。

先说"真实"情境。"真实情境"这个词语现在被语文教育界搞得很乱,需要返璞归真。"真实情境"的要点不在于"情境"（英语中"情境"是"环境""背景"的意思）而在于"真实",笔者建议表述为"真实"情境。如前文所述,国外教育教学著作中所说的"真实情境",说的是作为课程目标的学习任务的"真实"。指涉课程目标的"真实"情境,主要有以下两层含义。

1. 与现实世界(real-world)相关。学习任务的目标指向,是现实世界里有素养的成年人在正常的情况下所做的事。以朗读为例,我们课程标准里的"正确、流利"是对的;"有感情的朗读"则可能是"学校情境"的(只有语文课里做的),因而不那么"真实"。在现实世界里有各种各样的朗读,比如诗歌是朗诵,故事是讲述,戏剧是表演,绘本是演绎,话本小说是说书,新闻是播报,会议报告是口述,通知告示决定等公文是宣读,其语速、语势、语气、停连、重音、节奏等,都有不同的讲究。我们中小学长期流行的那种脱离写作目的和写作对象的"优秀作文",很不真实;在新课程标准宣传时被当作范例的"制作一部《唐诗自选集》",不太真实。判断"真实"与否的首要标准,就是现实世界里有素养的成年人在正常的情况下是否做这样的事。笔者以为,"真实"情境也就是"常态"的意思,区别于"异态"和"变态"。①

2. 与学生切身相关。学生"像真的一样"投入学习任务。也就是说,"真实"情境不仅是成人眼里的,还必须有儿童的视角。"真实"是对学生的内心感受而言的,带着学生去做社区调研,如果学生以为于己并不相关,那就不是教育教学领域所讲的"真实情境";相反的例子如小学生们"开火车"词语接龙比赛游戏(如果真是一场比赛的话),这种在成人世界里几乎没人做的事,在儿童的心目中却可能是十分真实的;与学生切身相关,涉及学习主题。一般来说,学校课程的学习主题与儿童的自然兴趣有隔膜,所以需要教学法意义的任务驱动/问题驱动,比如

---

① 王荣生.语文能力的构成与取向问题[A].王荣生.语文教学之学理[M].北京:商务印书馆,2022:6-7.

"真实情境的任务写作"。

以上只是说个大略。具体情况要根据任务类别、学段差别、学习主题等做具体考量。笼而统之地夸夸谈论"真实情境",对新课程标准的顺利落地实施并无益处。

再说"学习"语言文字运用。"学习"语言文字运用,指涉语文课程与教学内容,核心是学习和运用语文知识(广义),如汉字和汉语、阅读理解的方法和策略、写作知识和方法策略等。

关于这个话题,笔者除了无奈还是无奈;至少20年,有些语文教育研究者,包括一些政策参与者,几乎神经质地刻意回避语文知识乃至忌讳"语文知识"这个名词。一方面不明就里却大张旗鼓地宣扬"任务型语言教育、基于问题的学习、案例学习、基于项目的学习"等,另一方面却几乎不知或刻意避讳它们的学习内容(见表10),笔者以为这是极不正常的。也许我们再看一遍本次修订的艺术课程标准,会得到一些启示。

表10 义务教育艺术课程标准(2022年版)片段[①]

学习任务1:感受中外美术的魅力
【内容要求】学会用感悟、讨论、比较等方法,运用线条、形状、色彩、肌理等造型元素,以及对称、重复、对比、变化等形式原理,欣赏、评述中外美术作品。

艺术课程标准中的"感受中外美术的魅力",与语文课程标准中的"阅读表现人与自然的诗歌、散文等优秀文学作品"类似。那么语文课程内容"感受……体会……表达……抒发自己的情感",是不是需要加入一

[①] 中华人民共和国教育部. 义务教育艺术课程标准(2022年版)[S]. 北京:北京师范大学出版社,2022:54.

些东西？

王宁教授在关于语文新课程标准的一次采访中说道："要想实施好'语言积累、梳理与探究'这个任务群，老师们需要补充一些必要的语用知识。在过去的语文教学中，老师们很少关注语义和词语内涵，并不清楚语言与言语的区别，很少提到话语体系。"① 说得很对；笔者的疑问是为什么"老师们很少关注、并不清楚、很少提到"呢？据笔者所知，是因为那些所提到的必要的语用知识，以及未被提到的更多的必要的语文知识，从来就"不在"语文课程里，似乎也"不被在"。

笔者以为，"设计语文学习任务，要围绕特定学习主题（指人文主题②），确定具有内在逻辑关联的语文实践活动"，其困难，或者说卡脖子的地方，不在于"要"字后面的部分，而在于"要"字前面的"语文学习任务"，即教学目标和教学内容。确定教学目标、选择教学内容，然后才能设计"有内在逻辑关联的语文实践活动"——即学习流程（教学环节）和学习活动。

但愿语文教育研究者和实践者、谈论语文教学者和被谈论者，能够对语文课程标准文本中的关键词有理解共识；也寄希望于语文教育研究者和实践者、谈论语文教学者和被谈论者，能对素养导向的语文课程下一个阶段的课程建设重点任务有理解共识。

---

① 《语文建设》编辑部. 语文学习任务群的"是"与"非"——北京师范大学王宁教授访谈 [J]. 语文建设, 2019（1）: 7.

② 中华人民共和国教育部. 义务教育语文课程标准（2022年版）[S]. 北京: 北京师范大学出版社, 2022: 28.

语文课程"学习主题"辨析[①]

"学习主题"是课程与教学内容范畴的概念，较高层级的较为概括地表述的主要课程内容，称为"学习主题"，学科类课程也称"学科内容主题"。"学习主题"是新修订的义务教育语文课程标准文本中的关键词之一，但其所指却是"人文主题""活动主题"。"人文主题"作为语文课程"学习主题"需有假设前提，"活动主题"不是语文课程"学习主题"。对课程层级"学习主题"的概括描述，或者依据语文课程内容的构成，或者依据国家语文课程的学习领域。对单元层级"学习主题"概括描述，较为合理的是两个角度：一是文类文体，二是读写的功能目的。这两个角度所指向的都是阅读和写作的任务类别或任务类型。

本轮课程标准修订致力于加强可操作性。教育部义务教育课程标准框架研制组组长郭华教授提出："课标文本最终要为课程实施服务。所以它一定要能用、管用、好用。'能用'的意思就是思想性、科学性要体现得好。'管用'就是教师拿到课标以后就能依据它开展教学以及教学评

[①] 本文原载《课程·教材·教法》2023年第5期，有修改。

价。'好用'就是它不需要再解读，'很亲民'，用起来很方便。"① 从课程标准的文本转化为课程实施中"能用""管用"的教学和评价依据，"好用"是前提条件。

遗憾的是，新修订的语文课程标准的文本离"好用"有不小差距。课程标准文本中的诸多关键词，诸如"语文学习任务""语文学习任务群""语文实践活动""语文学习活动"以及本文所论述的"学习主题"等，不但很需要再解读，而且众多的解读还众说纷纭②。

笔者以为，对课程标准文本的共识理解，是语文新课程标准顺利落地实施的必要前提。课程标准是教育教学文件，对课程标准文本中关键词的理解，必须与教育教学的话语体系建立起学术联系；只有放置在教育教学的话语体系中，语文课程标准文本中关键词的含义才能达成理解共识。

一、语文课程标准文本中的"学习主题"

2001年版和2011年修订的义务教育语文课程标准，2003年版、2017年版和2020年修订的普通高中语文课程标准，均未使用"学习主题"这个词语。

---

① 郭华. 课程标准的研制与应用 [J]. 开放学习研究，2022（4）：2.
② 李博雅，靳彤. 学习任务群研究综述（上）[J]. 中学语文教学参考·高中，2021（3）：3.

表1 语文课程标准文本中相关的专业名词情况

	专用名词	2001/2011 义教语文课标	2003 高中语文课标	2017/2020 高中语文课标	2022 义教语文课标
A	学习主题	0	0	0	6
B	活动主题	0	0	2	2
C	作品内容主题	0	0	4	10
D	主题	4	0	4	11
E	话题	(4)	(3)	(10)	(7)
	总计	4+(4)	0+(3)	10+(10)	23+(7)

"学习主题"作为专用名词，首次出现于《义务教育语文课程标准（2022年版）》，且处于显要位置。

在"课程理念"部分，标准指出："义务教育语文课程结构遵循学生身心发展规律和核心素养形成的内在逻辑，以生活为基础，以语文实践活动为主线，以学习主题为引领，以学习任务为载体，整合学习内容、情境、方法和资源等要素，设计语文学习任务群。"①

在"课程内容"部分，标准指出："义务教育语文课程内容主要以学习任务群组织与呈现。设计语文学习任务，要围绕特定学习主题，确定具有内在逻辑关联的语文实践活动。"②

因课程标准文本的特点，上述两处"学习主题"均未解释，其含义需参照标准文本在下文中的具体所指。接下来4处，分别出现在"文学阅读与创意表达""思辨性阅读与表达""语言文字积累与梳理""跨学

---

①② 中华人民共和国教育部. 义务教育语文课程标准（2022年版）[S]. 北京：北京师范大学出版社，2022：2，19.

科学习"这4个"学习任务群"课程内容部分中的"教学提示"。另,"实用性阅读与表达"因受语言表达因素制约,在"教学提示"中出现的两次"主题",其含义与"学习主题"相同。辨析这5个"学习任务群"的"教学提示"文字表述,可以看出"学习主题"有以下两个所指。

(一)人文主题

体现在义务教育语文课程所设置的3个"发展型任务群"的"教学提示"。其中"文学阅读与创意表达"的"教学提示"抄录见下表。

表2 "学习主题"的具体所指

文学阅读与创意表达【教学提示】①
可以根据学段学习要求,围绕多样的学习主题创设阅读情境。比如第一学段"春夏秋冬""多彩世界""童心天真""英雄的童年",第二学段"饮水思源""珍爱自然""童年趣事",第三学段"英雄赞歌""壮丽山河""爱与责任""成长的脚印",第四学段"光辉历程""精忠报国""社会万花筒""人与自然和谐共生",等等。在主题情境中,开展文学阅读和创意表达活动,引导学生感受文学之美、表达自己的独特感受,促进学生的精神成长。

"思辨性阅读与表达""实用性阅读与表达"这两个"学习任务群"的"学习主题"(主题)摘要见下表。

---

① 中华人民共和国教育部. 义务教育语文课程标准(2022年版)[S]. 北京:北京师范大学出版社,2022:28.

表3 "学习主题"指"人文主题"

思辨性阅读与表达【教学提示】①	实用性阅读与交流【教学提示】②
应根据学生思维发展的特点，在不同学段创设适宜的学习主题和学习情境。比如生活真奇妙、我的小问号、生活中的智慧、我的奇思妙想、社会公德大家谈、奇妙的祖国语言、科学之光、生活的感悟、理性的声音等等。	应紧扣"实用性"特点，结合日常生活的真实情境进行教学。可以围绕我爱我家、我爱上学、文明的公共生活、拥抱大千世界、创造美好生活、科学家的故事、数字时代的生活、家乡文化探究等主题。

上述所列举的"春夏秋冬、多彩世界、童心天真、英雄的童年"等，语文教育教学界历来称之为宽泛的"人文主题"。

(二) 活动主题

主要体现在"语言文字积累与梳理""跨学科学习"这两个"学习任务群"。摘要见下表。

表4 "学习主题"指"活动主题"

语言文字积累与梳理【教学提示】③	跨学科学习【教学提示】④
根据学生的年龄特点和认知规律，紧密联系学生的生活实际，结合识字内容，选择适宜的学习主题，创设学习情境。	根据不同学段学生生活的范围、学习兴趣和能力，精心选择学习主题和内容，组织、策划多样的学习活动。

---

①②③④ 中华人民共和国教育部. 义务教育语文课程标准（2022年版）[S]. 北京：北京师范大学出版社，2022：30-31，25，22，36.

根据《义务教育课程方案》，义务教育各科课程标准均设立"跨学科主题学习活动"①。上表中的"精心选择学习主题"，即"跨学科主题学习活动"中的"主题"。义务教育语文课程标准文本在跨学科学习的"学段要求"和"学习提示"中，连续出现"围绕爱图书、爱文具、爱学习等主题""积极参加学校、社区举办的文化主题活动""能根据不同学习活动主题搜集、整理信息和资料""能就共同关注的热点问题搜集资料……确立学习活动主题""跨学科主题活动""设计主题考察……等多种类型作业"等表述 6 次②，都是"活动主题"的意思。

　　上表中"语言文字积累与梳理"的"选择适宜的学习主题"，前文是"结合学习内容"——明确此处"学习主题"不是学习内容，后文有"创设学习情境"，可见该"学习主题"是"活动主题"的意思。该"学习任务群"的"学习内容"相关语句中所出现的"主题"一词，如"对所策划的主题进行讨论和分析""分主题梳理自己积累的成语典故、格言警句、对联等语言材料"等③，可以印证。

　　顺便提到，《普通高中语文课程标准（2017 年版 2020 年修订）》"活动主题"出现两次；2001 年版和 2011 年修订版义务教育语文课程标准"主题"一词曾出现 4 次，均指"活动主题"，其中两次在"综合性学习"中，分别是"对所策划的主题进行讨论和分析"④"选出研究主题"⑤，两次在"口语交际"中均指"主题演讲"。

---

　　① 中华人民共和国教育部. 义务教育课程方案（2022 年版）[S]. 北京：北京师范大学出版社，2022：11.

　　②③ 中华人民共和国教育部. 义务教育语文课程标准（2022 年版）[S]. 北京：北京师范大学出版社，2022：34-36，20-23.

　　④⑤ 中华人民共和国教育部. 义务教育语文课程标准（2011 年版）[S]. 北京：北京师范大学出版社，2011：14，18.

二、"活动主题""人文主题"是语文课程"学习主题"吗?

综上所述,义务教育语文课程标准文本中的"学习主题"有两个含义,一是"人文主题",二是"活动主题"。因此,义务教育语文课程标准文本中的以下两个重要语句似可做如下解读。

在"课程理念"部分:"以生活为基础,以语文实践活动为主线,以学习主题(活动主题或人文主题)为引领,……设计语文学习任务群。"在"课程内容"部分:"设计语文学习任务,要围绕特定学习主题(活动主题或人文主题),确定具有内在逻辑关联的语文实践活动。"那么,"活动主题""人文主题"是语文课程"学习主题"吗?

(一)"活动主题"与"学习主题"

"学习主题"指主要的学习内容;学习内容即课程内容,较高层级的较为概括地表述的主要课程内容,称为"学习主题"。

"活动主题"有可能是"学习主题",如果一门课程的主要学习内容就是与课程目标相应的活动的话。本轮义务教育课程标准修订时新设立的劳动课程共设置 10 个任务群,其课程内容就是日常生活劳动、生产劳动和服务性劳动。其课程内容(内容要求)样例见下表。

表5 劳动课程的"活动主题"即"学习主题"

第二学段（3—4年级）任务群3：烹饪与营养①
内容要求：使用简单的烹饪器具对食材进行切配，按照一般流程制作凉拌菜、拼盘，学习用蒸、煮方法加工食材。例如用油、盐、酱油、醋等调料制作凉拌黄瓜，将几种水果削皮去核并做成水果拼盘，加热馒头、包子等面食，煮鸡蛋、水饺等。加工过程中注意卫生、安全。
活动建议：以"我会做早餐""厨房新人秀"等活动开启本任务群的学习。在真实体验的基础上，让学生交流、分享经验，总结不同烹饪方法的制作要求、注意事项。有条件的学校可以组织学生在校实践，互相观摩学习，逐步掌握简单的日常烹饪技术。

上表中活动建议的"我会做早餐""厨房新人秀"等，即活动主题；这些活动主题就是该任务群的"学习主题"，即主要学习内容。

体育课程也以体育活动为其主要学习内容，例如下表中所摘录的"青蛙跳荷叶""不倒翁"等主题的游戏活动，可以认为是"学习主题"。

表6 体育课程的"活动主题"相当于"学习主题"

基本运动技能水平一②
（1）体验移动性技能的具体内容和练习方法，如提踵走、高矮人走、马步走、追逐跑、跑跳步、钻越、攀爬和队列练习等活动，以及"青蛙跳荷叶""动物爬行""老鹰捉小鸡"等游戏。
（2）体验非移动性技能的具体内容和练习方法，如伸展、屈体、扭转、悬垂、支撑与推拉、平衡等活动，以及"高人矮人""不倒翁""金鸡独立""木偶人"等游戏。

---

① 中华人民共和国教育部. 劳动课程标准（2022年版）[S]. 北京：北京师范大学出版社，2022：17.

② 中华人民共和国教育部. 义务教育体育与健康课程标准（2022年版）[S]. 北京：北京师范大学出版社，2022：11-12.

本轮义务教育课程标准修订时新设立的综合课程《艺术》，采用"学习任务"来组织课程内容，音乐、美术、舞蹈等领域的绝大部分"学习任务"是与课程目标相应的活动。例如第一学段的学习任务3见下表。

表7 艺术课程的"活动主题"大多是"学习主题"

学习任务3：情境表演①
【内容要求】结合童谣、诗词、童话故事、生活场景等，选择合适的乐器、道具或其他材料，运用演唱、演奏、声势、律动、舞蹈等表现形式，进行创意表演。
【情境素材建议】联系日常生活或学生的生活经验挖掘素材，设计符合学生年龄和心理特征的主题，如自然现象、生活场景、影视故事中的各类主题；提供丰富的材料、道具，适宜的场地等，营造相应的表演氛围。

上表出现在"教学提示"下位的"情景素材建议"中的"主题"，与义务教育语文课程标准文本中（表3）"学习主题"，出现的位置和含义都类同。

以上是劳动、体育、艺术课程的情况，其"活动主题"是或者相当于"学习主题"。但对绝大部分课程来说，尤其是学科课程，活动主题通常不是其学习主题。在这些课程中，学习活动本身不是目的，目的是通过活动促进学习内容（学习主题）的学习。

以道德与法治课程为例，道德与法治课程"根据不同阶段学生的身心发展特点，以学生实际生活为基础，分学段按主题对内容进行科学设

---

① 中华人民共和国教育部. 义务教育艺术课程标准（2022年版）[S]. 北京：北京师范大学出版社，2022：20.

计，建构学段衔接、循序渐进、螺旋上升的课程体系"①。此处"按主题"的"主题"，即该课程的"学习主题"。例如学习主题之一"道德教育"，第一学段的"内容要求"和"教学提示"摘录见下表。

表8 道德与法治课程的"学习主题"与"活动主题"②

学习主题	道德教育
内容要求	●乐于探究，在学习与生活中遇到问题时能够想办法解决，提高动脑动手能力。 ●做事认真，有始有终，不拖拉。 ●学习分辨是非，做了错事勇于承认和改正，不撒谎。 ●能看到自己的成长和进步，学会正确对待自己的学习成绩。
教学提示	●围绕"热爱学习，创意生活"主题，小组合作设计制作简单、有创意的手工作品，培养动脑筋发现问题、解决问题的能力。 ●观看影视资料，明白做事拖拉的不良后果，养成善始善终的好习惯。 ●用讲故事、举例子的方式，了解分辨是非的标准，知道撒谎的不良后果，敢于承认错误并积极改正。 ●围绕"我进步了"，开展写日记和交流活动，不断发现、总结自己在生活与学习中的成长和进步。

上表的第一栏，明确表述为"学习主题"，即道德与法治课程的主要学习内容，具体化为该学习主题的"内容要求"。上表中"教学提示"所说的"围绕'热爱学习，创意生活'主题"等，其"主题"的含义是"活动主题"。换言之，"热爱学习，创意生活"为主题活动，"我进步了"为主题的交流活动，包括"讲故事""写日记""观看影视资料"等

---

①② 中华人民共和国教育部. 义务教育道德与法治课程标准（2022年版）[S]. 北京：北京师范大学出版社，2022：17，18-19.

活动，都是与"道德教育"这一学习主题"内容要求"相呼应的学习活动，学生要通过这些学习活动领悟所学习的主题内容。

如上一节所述，义务教育语文课程标准用"学习主题"这个词语所指的"活动主题"，是在"语言文字积累与梳理""跨学科学习"这两个任务群。很显然，"语言文字积累与梳理"的"学习主题"不是创设学习情境的"活动主题"，其"学习主题"是该"学习任务群"所表述的"旨在"[1]——积累语言材料和语言经验，形成良好语感；发现汉字的构字组词特点，掌握语言文字运用规范，感受汉字的文化内涵。

同样，就语文学科而言的"跨学科学习"，其"学习主题"也是该"学习任务群"的"旨在"[2]——拓宽语文学习和运用领域、提高语言文字运用能力，而不是在教学中的"小植物的生长""取出瓶子里的鸡蛋"等活动主题。

"主题"这个词的日常含义，泛指谈话、文件、会议等主要内容；从谈话或表达的角度来看，"主题"与"话题"意思接近。比如，"主题演讲"其实就是以某个话题为中心的演讲。在义务教育语文课程标准"跨学科学习"的"旨在"部分，就直接用"话题"统领了下文频频出现的活动主题——"本任务群旨在……围绕学科学习、社会生活中有意义的话题，开展阅读、梳理、探究、交流等活动。"[3]

"文学阅读与创意表达"等三个"基础型任务群"都包括阅读和表达两个方面，诸如"多彩世界、童年趣事、成长的脚印、我的奇思妙想、生活的感悟、数字时代的生活"等"人文主题"，从书面和口头表达的角度看，其实也就是谈论或写作的"话题"。很显然，"多彩世界、童年趣事"这些"话题"，并不是写作和口语表达教学中的"学习主题"。

---

[1][2][3] 中华人民共和国教育部．义务教育语文课程标准（2022年版）[S]．北京：北京师范大学出版社，2022：20，34，34．

（二）"人文主题"与"学习主题"

也看道德与法治课程。"具有政治性、思想性和综合性、实践性"①的道德与法治课程以"成长中的我"为原点，包括由"自我认识"到"我与自然""我与家庭""我与他人""我与社会""我与国家和人类文明"的认识和生活范围，其"学习主题"包括道德教育、生命安全与健康教育、法治教育、中华优秀传统文化教育、革命传统教育、国情教育等②，很大程度上覆盖了语文教育教学界所说的"人文主题"。

那么，《义务教育语文课程标准（2022年版）》把语文教育教学界通常所说的"人文主题"改称为"学习主题"，怎么理解？这似乎可做以下两种解释。

第一种解释：义务教育语文课程标准的文本可能对"学习主题"这个词语出现了系统性的误用。"人文主题"当然包含在语文课程"学习主题"之中，但说语文课程的"学习主题"——学科内容主题，就是在表2和表3中所列举的那些"等等"里，语文课程与教学的"学习主题"是不是少了什么？

第二种解释：如果我们能做出合理解释的话，新修订的课程标准文本对语文课程"学习主题"的认定，或许是有道理的。

笔者倾向于第二种解释。语文课程与教学向来是以阅读为重心的，语文课程标准所说的"人文主题"其实也主要是针对阅读领域来说的。如果用挂一漏万的话来讲，那么中小学生学习阅读，主要就是这么两件事：一是认字识词、了解语篇的字面意思，达到流利阅读水平，包括流利朗读和连贯默读；二是阅读理解，能够理解所读读物作者所表达的意

---

①② 中华人民共和国教育部. 义务教育道德与法治课程标准（2022年版）[S]. 北京：北京师范大学出版社，2022：1，17.

思。认字识词,是为了流利阅读;阅读理解,是为了通过阅读来学习——从读物中获取知识和人文滋养。获取知识和人文滋养,是阅读目的所在;从这个意义上讲,阅读理解语文教材中跟年龄适合的文章和文学作品,就是最重要的语文课程内容,因而就是语文课程与教学的"学习主题"。

这可以与英语课程相比较。与语文课程同属于语言教育领域的英语课程,其课程内容由主题、语篇、语言知识、文化知识、语言技能和学习策略等要素构成①。主题包括"人与自我、人与社会、人与自然"三大范畴,设置"生活与学习""做人与做事""社会服务与人际沟通""文学、艺术与体育""历史、社会与文化"和"科学与技术""自然生态""环境保护""灾害防范"和"宇宙探索"等"主题群",各"主题群"设若干"子主题"。②然而在英语课程中,这些"主题群"及其"子主题",更像是一种(书面语和口语)谈论的话题,或者是组织阅读材料的"主题情境"。在基础教育阶段,英语课程的学习主题是"学习英语""学习英语阅读""学习用英语来沟通交流",其课程目标是英语一级、二级和三级水平,而只有三级水平以下的中小学生,尚不能够"通过英语阅读来学习"——从读物中获取知识和人文滋养。因而在中小学英语课程中,这些宽泛的人文主题仅是构成其"学习主题"的一个要素。

还可以再跟道德与法治课程做比较。语文课程(阅读领域)的"人文主题",比如"珍爱自然""壮丽山河"等,它们不是外在于所读课文材料的,而是从所读的文章和文学作品里归纳抽象出来的。"珍爱自然""壮丽山河"等,也不是供语文教师"讲道理"的,而是在语文老师的指导下,学生自己从所读文章和文学作品里读出来的。

---

①② 中华人民共和国教育部. 义务教育英语课程标准(2022年版)[S]. 北京:北京师范大学出版社,2022:12,14.

这就与所读文章尤其是文学作品的"内容主题"联系起来。"主题"这个词，常用含义之一就是"文学、艺术作品中所表现的中心思想"①，即作品思想内容的核心。本次修订的义务教育语文课程标准在"课程内容"部分，首先陈述"主题与载体形式"，从"中华优秀传统文化、革命文化、社会主义先进文化"这三个方面来陈述以所读课文材料为载体的"内容主题"，即所读课文材料内含的知识和人文滋养。如上所述，阅读理解这些所读文章和文学作品内含的知识和人文滋养，就是语文课程的"学习主题"。

然而，上述一番推论若要成立，是有假设前提的。假设之一，那些在"教学提示"出现的"学习主题"，即表2和表3中的那些"等等"，确实是从语文课程所应该读的课文材料里归纳抽象出来的。也就是说，"人文主题"的来路要正。假设之二，涉及回路，这些"主题内容"学生们能够用自己的眼睛看（阅读理解）出来。也就是说，从课文归纳抽象的"内容主题"要通过学生的阅读活动返回到具体化、具象化的对课文材料的阅读理解。

一方面，学生能够从具体的、具象的课文材料归纳抽象出"人文主题"；另一方面，学生又能够通过阅读返回到具体的、具象的阅读理解；只有这样，把课文材料的"内容主题"相联系的"人文主题"认作语文课程（阅读领域）的"学习主题"，才能够成立。

但问题是上述两个假设前提都有疑问。表2和表3所列举的那些"等等"来路是否正姑且不论；单说那回路，简直无法想象。

阅读教学有一个悖论，那就是学生所读的材料，高于学生的生活经验和已有的阅读理解能力。从根本上说，阅读教学中的思想人文教育是

---

① 中国社会科学院语言研究所词典编辑室编.现代汉语词典：第5版[Z].北京：商务印书馆，2007：1780.

由所读的课文材料本身来实施的——是体现中华传统文化精神的那些古诗文在传播中华传统文化，是老一辈无产阶级革命家和革命英雄人物的代表性作品在弘扬革命文化，是古今中外的优秀作品在述说着中国和世界的先进文化，是鲁迅的作品在教育一代又一代的中国人，是《红楼梦》等作品在春风化雨般地滋养着我们。问题是因为生活经验的制约，因为阅读理解能力有待于进一步提升，学生或其中很大一部分的学生，对所读课文材料，对这些纳入语文课程的优秀作品，理解不了、感受不到，或理解不足、感受不够。也就是说，即使真是从这些所读的课文材料里归纳抽象出来的"人文主题"，在学生接触这些课文材料的当口，他们也很难或简直不能够用自己的眼睛从具体的、具象的课文材料里看出来，从而形成自己的阅读理解。

所以才要有学习阅读的课程，所以才要有阅读教学。而学习阅读的课程与教学，有相应的"学习主题"。

三、看其他课程的"学习主题"

"学习主题"这个词语，在教育教学的话语体系中是有确定所指的。本轮义务教育各科课程标准修订，道德与法治、地理、历史、数学、物理、化学、生物和科学这8门课程均以"学习主题"组织课程内容。举例见下表。

表9　其他课程的"学习主题"概览

课程	核心素养内涵	学习主题	二级学习主题
道德与法治	政治认同，道德修养，法治观念，健全人格，责任意识。	道德教育，生命安全与健康教育，法治教育，中华优秀传统文化教育，革命传统教育，国情教育，等。	每个学习主题表格式列举"内容要求"，略。
地理	人地协调观，综合思维，区域认知，地理实践力。	认识全球，认识区域，地理工具，地理实践（跨学科主题学习）。	地球的宇宙环，地球的运动，地球的表层；认识大洲，认识地区，认识国家；认识中国全貌，认识分区，认识家乡。
物理	物理观念，科学思维，科学探究，科学态度与责任。	物质，运动和相互作用，能量，实验探究，跨学科实践。	列举二级主题和三级主题，略。

从上表中可以看到"学习主题"这个专用术语的以下含义。

1. "学习主题"是课程与教学内容范畴的概念，较高层级的较为概括地表述的主要课程内容，称为"学习主题"，学科类课程也称"学科内容主题"。

2. "学习主题"是与课程性质、核心素养内涵和课程目标相对应的课程内容的概括表述。一级学习主题，通常是该课程划分学习领域的框架。

3. "学习主题"通常进一步划分二级、三级主题，进而列举具体的

"内容要求"。

4."学习主题"与学业评价是联系在一起的。该"学习主题"及其"内容要求",与学业质量标准一致,它们是学业质量评价的要点。

在上一节中曾说到,劳动、体育与健康、艺术等综合性课程,用具有课程意义的活动构成其主要课程内容,其"活动主题"相当于各个层级的"学习主题"。

换言之,凡课程都有其"学习主题",尽管在课程标准的文本中不一定出现"学习主题"这个词语。2001年和2011年修订的义务教育语文课程标准、2003年和2017年颁布2020年修订的高中语文课程标准,虽然都没有出现"学习主题"这个词语,但这并不表示语文课程没有"学习主题"。

本次义务教育语文课程标准修订,除了核心素养内涵的界定、与核心素养相匹配的课程目标体系、课程内容结构化、学业质量的描述这些与各科所共有的突破性进展之外,从语文课程标准编制的角度,还有两个在笔者看来很重要的突破性举措:一是在语文课程标准中明确设置"课程内容"板块,二是由"课程内容"板块而引出的"学习主题",尽管在标准文本中出现这个词语的位置(教学提示)和方式(举例)有点出人意料。单独设置"课程内容"板块以及由此引出的对语文课程"学习主题"的关注,为语文课程研究开放了必要的空间。

四、语文课程"学习主题"概括描述的难处

"语文课程是一门学习国家通用语言文字运用的综合性、实践性课程。"[1] 要像道德与法治、地理、历史、数学、科学等课程那样清楚而又

---

[1] 中华人民共和国教育部. 义务教育语文课程标准(2022年版)[S]. 北京:北京师范大学出版社,2022:1.

能取得共识地概括表述语文课程"学习主题",有客观的困难。

(一)语文课程知识有内容维度和过程维度

教育目标分类学中的事实性知识和概念性知识属于内容维度,程序性知识和策略性知识则属于过程维度。比如识字与写字,识字属于内容维度,知道字音、理解和感受字形与字义的关联;写字则属于过程维度,写字是需要自动化的基本技能。语文教育界传统上所说的"字词句篇、语修逻常",属于内容维度;而通常所说的"听说读写",则属于过程维度。

语文课程的学习领域,即最大层级的学习主题,既可以从内容维度来概括描述,也可以从过程维度来概括描述。例如:1963年《全日制小学语文教学大纲(草案)》分为"识字/写字、课文、练习、作文"4个学习领域,主要着眼于内容维度;《义务教育语文课程标准(2011年修订版)》分为"识字与写字、阅读、写作、口语交际、综合性学习"5个学习领域,侧重在过程维度。

但无论是内容维度还是过程维度,单一维度的划分凸显着语文课程的某些方面,同时也遮蔽了语文课程的另一些方面。单一维度也不能做到一以贯之,只要再往下一个层级,其学习主题必然要用另一个维度来表述。

语文课程类似于圆形的瓜,第一刀横切或者竖切,第二刀就要改为竖切或者横切。比如先切为阅读、写作,接下来就要按文体或者阅读类型来陈述第二层级,比如文学阅读、实用性阅读等,记叙类写作、阐释性写作等。同样,如新修订的义务教育语文课程标准那样,第一层级按任务类别来切分,设置为文学阅读与创意表达、实用性阅读与交流等6个"学习任务群",那么接下来第二层级就要把"阅读"和"表达交流"

分开来陈述,比如文学阅读、创意表达、实用性阅读、实用性表达交流等;而实用性表达交流,还要进一步切分为书面语的写作、口语表达与交流。

(二)语文课程有各种框架所不能涵盖的重要内容

语文课程极为重要的课程内容,包括作为文化载体的汉字、体现民族思维的汉语、中华民族源远流长的思想文化文学典籍、中国现当代文学名著、汉译世界文学名著等。语文课程的核心素养,无论是高中语文课程标准所表述的"语言建构与运用、思维发展与提升、审美鉴赏与创造、文化传承与理解",还是义务教育语文课程标准所表述的"文化自信,语言运用,思维能力,审美创造",都与这些重要课程内容息息相关。

然而这些重要课程内容,目前用于描述课程学习的理论框架都难以合适地描述。目前用于描述课程学习的理论框架主要有以下五种:(1)加涅"学习结果类型",分"智力技能、认知策略、言语信息、运动技能、态度"五种学习结果。(2)布卢姆"教育目标分类学"以及安德森等修订版,知识维度有"事实性知识、概念性知识、程序性知识、元认知知识",认知过程维度有"回忆/记忆、理解、应用、分析、评价、创造"。(3)埃里克森发明的"知识的结构"模型和埃里克森、兰宁发明的"过程的结构"模型。(4)威金斯和麦克泰的"理解为先"单元教学设计,即逆向教学设计模板。(5)梅里尔"首要教学原理",即 e 教学的教学设计处方性原理——聚焦问题、激活旧知、示例新知、应用新知、融会贯通。

言语学习和文学文化等,根本就不在梅里尔"首要教学原理"考虑的范围。加涅的"学习结果类型",它们被划归到"言语信息"。教育目标分类学和埃里克森"知识的结构"模型,它们被列为最低层级的"事实性知识"。威金斯和麦克泰的单元设计模板,带着传统文化信息的活生生的汉字和汉语,可能要放在"应知道"的较低层级的知识目标;文学文化经典名著,则往往只作为"理解"文学作品文类特征和其内容主题(如"规则与自由")的"大概念"的样例。

我们知道,课程论是课程的通用理论,它是不考虑具体课程内容的;教学论是教学的通用理论,它是不考虑具体教学内容的。说"不考虑"其实也是考虑的,来源于国外的课程论和教学论,研究者通常的学科背景是科学等知识学科;像艾斯纳那样以艺术学科为背景的研究者,其所发明的"表现性目标"课程理论,就与通常的课程论有较大冲突。埃里克森和兰宁的"过程的结构"模型主要针对阅读,但他们所说的"阅读"与我们语文课程的"阅读"不完全是一回事。语文课程中的文学——诗歌、小说等,在国外语文课程属于内容维度,而不是过程维度;我国语文课程的主导文类是散文,古代散文和现当代散文的阅读,单用"过程的结构"模型涵盖不了。我国课程与教学论专家通常缺乏学科背景,因而在其论著论文中往往喜欢、也只能拿语文课程与教学说事,其所说的"事"可能是有道理的,但其所举的"语文"的例子,则自以为是的居多,往往是不对头或不那么对头的。

2005年实施的法国高中语文教学大纲,有助于我们理解这个问题。该教学大纲指出①:"法语教学是高中教育总目标的一个组成部分:获得知识、形成文化观、培养个性、培养公民素质等。其主要目标是掌握语言、了解文学和吸收文化。这三个独立的目标处在同等重要的位置上。""通过阅读各种文本,学习不同的文学作品,使学生构建一种文化。应该

---

① 洪宗礼,柳士镇,倪文锦,主编. 母语教材研究(6):外国语文课程标准译介[M]. 南京:江苏教育出版社,2007:205,205-206,206.

重视文学作品，它们是时代的结晶，代表了每个时代的思想，也是思想的最佳表达形式。通过学习文学，学生可以构建一种历史的视角，明确自己所处的文化空间。"为此，该大纲明确了以下四个"学习视角"（又译"学习面"）①：（1）文学史与文化史；（2）体裁和类型；（3）文本的意义和特色；（4）论述方式及对受信者的影响。学生们应该从以上四个视角来阅读作品。文本、语言、文化，是法国语文的学习对象（又译"学习目的"），文本是其中的核心要素。学习文本也是法国语文教育的首要目的，对高中生特别要求阅读全集和长篇甚至复杂的文本，以期提高学生对语言的理解和掌握。二年级（相当于高一）学年教学大纲规定："要重视阅读作品全文，阅读一组作品，这要求学生具备真实的阅读能力，能够面对篇幅较长和复杂的作品。每个学生每年至少读六部文学作品及一些节选。"②

笔者认同上述观点：语文课程体现其独特育人价值的很重要的构成内容是文学，包括作为文学经典的古今中外名家名篇和学生的文学阅读过程。它们不仅仅是"理解"文学作品文类特征和其内容主题（如"规则与自由"）的"大概念"的样例（案例），其"学习主题"就是这些经典名篇和学生对这些作品阅读过程本身。

至于当前流行的（以文学作品、文言文作品为主要阅读材料）所谓"做任务"，笔者认定是一些倡导者对来源于国外的一些理论，比如"基于项目的学习""理解为先教学设计"等，有严重误解乃至歪曲的结果。作为文学经典的古今中外名家名篇，不仅仅是"课程资源"；学生的文学阅读过程，是"常态"的文学阅读——有文学素养的人在正常状态下所做的文学阅读，而不是"特态"的诸如文学专业研究者、影视改编者、

---

①② 洪宗礼，柳士镇，倪文锦，主编. 母语教材研究（6）：外国语文课程标准译介 [M]. 南京：江苏教育出版社，2007：205，205-206，206.

展览解说者等等那种特殊的阅读方式。普通高中和义务教育语文课程标准文本中,并没有"做任务"这个词语。

(三) 语文教学每一单元、单篇都是诸多要素的重新聚拢

语文课程的具体实施单位是单元或者篇(包括一篇课文或一本书),而每一单篇、每一单元,都是诸多要素的重新聚拢。

第一,文选型教材,其单篇的序列、单元的序列,其"学习主题"都不可能像数学、科学等知识学科那样逐级划分为二级主题、三级主题以逐次展开。

第二,每一篇课文或一本书、每一个单元,都要依据具体的材料,将语文课程的内容维度和过程维度的知识(知识、技能和理解)加以具体的选择并交织组织。换句话说,在语文教材编撰和语文教学中,每一篇课文或一本书、每一个单元,都有一个必须面对、必须解答的"教什么""学什么"问题。

第三,如果换另一篇课文或一本书,如果一个单元构成的课文发生变动,那么其学习主题和学习内容就会发生较大变化。

第四,即使是同一篇课文同一本书、同一个单元,不同的教材编撰者或不同的教师,以及所面对的不同的学生,其学习内容和学习主题,都可能有所不同乃至截然不同。

对单篇课文教学内容僵化和随意性过大并存的问题,笔者认为,经过笔者和同行学者十几年的努力,在理论上已经基本解决。笔者本人对单篇课文教学设计的研究,揭示了课文教学的基本原理[①]:(1)教学目标即课文的教学点,教学点是课文的关键点与学生的疑难处的重合。

---

① 王荣生. 阅读教学设计的要诀(第二版)[M]. 北京:中国轻工业出版社,2021:188-193.

（2）教学内容，即帮助学生解决教学点问题的语文知识，语文知识因文而教、随文而学。（3）教学环节即教学点的合理分布。（4）教学活动，即学生运用所学语文知识解决教学点问题的过程。如果这一研究结论确立，那么同一篇课文的教学内容有所不同，唯一可采信的理由就是所面对的学生与通常情况有较大差异，而这正是"以学生为主体"在语文教学目标和教学内容上的体现。

目前的主要难点在整本书阅读，尤其是单元教学。语文课程的单元教学设计，最大的难点是单元主要学习内容的确定，即该单元的"学习主题"是什么。因教学的单位扩大、本来并无必然联系的课文材料增多，在增加了学习内容复杂性的同时也导致确定性的因素较难把控。目前较为合理的是从以下两个角度来组织单元。

一是语篇类型，即文类文体。从阅读的角度来说，不同的文类文体，其实是不同的任务类别或任务类型。例如文学阅读与实用文阅读是不同的任务类别，阅读诗歌与阅读散文是不同的任务类别或任务类型，阅读现代散文与古代散文是不同的任务类型，等等。学习科学的新近研究，进一步证实了基于文类文体的合理性。[①]

二是读者的阅读目的，即功能目的。一般说，在常态的阅读中，成熟读者的阅读功能目的，通常与所读材料的文类文体是一致的，也就是把小说当小说读、把诗歌当诗歌读、把论文当论文读。但读者的阅读目的与文类文体不完全是一回事，其关系也并不是简单对应的。阅读的功能目的不同，其阅读能力，即阅读方式和方法策略就会有所不同。

[①] R. 基思·索耶（R. Keith Sawyer）主编. 剑桥学习科学手册：第 2 版 [M]. 徐小东，杨刚，等，译. 北京：教育科学出版社，2021：622-637.

五、语文课程"学习主题"的概括描述

概括描述语文课程"学习主题"涉及四个层级,即课程层级、学习领域层级、单元层级、课文层级。课文层级的学习主题,即具体课文的教学目标和教学内容,无须另行描述。

(一)课程层级

课程层级的学习主题,即语文课程一级学习主题,是对语文课程"学习什么"的概括性回答。较好的描述,要做到简洁、易懂、较为周全。目前可资参考的是下述两种概括描述。

1. 依据语文课程内容的构成

笔者于2003年概括描述的"语文课程内容的构成"①,在业内同行中获得较广泛的认同。语文课程内容的构成,从大的方面看,有三个主要方面:

一是"定篇",即学生在语文课程中必须学习的文学文化经典作品。"定篇"通常由语文课程标准指定,也可受国家课程文件的授权,在课程实施中由教材编者或语文教师定夺。

二是"语文知识",即关于语言、文章、文学和听说读写的事实、概念、原理、技能、策略、态度等。包括"关于对象的语文知识"和"关联主体与对象的语文知识"两大部分。前者如关于语言的语言学知识、关于文学史和文学作品的文学知识、关于文章的章法知识等,后者指如何阅读、如何写作、如何有效地听说等技能、方法或策略性知识。语文

---

① 王荣生. 语文科课程论基础 [M]. 上海:上海教育出版社,2003.

课程内容所涉及的语文知识，主要是后者，即"关联主体与对象的语文知识"。

三是具有课程意义的"语文经历"，指在语文课程中所进行的与课程目标相符的听说读写的语文活动，并获得相应的语文学习经验。比如中学生必须有进行公开演讲的经历、有做小课题研究的经历等。具有课程意义的语文活动主要在语文课内，也包括有组织的语文课外活动。

2. 依据国家语文课程的学习领域

依据 2001 年版和 2011 年修订版义务教育语文课程标准，语文课程有识字与写字、阅读、写作、口语交际、综合性学习这五个学习领域。2003 年版普通高中语文课程标准，语文课程包括必修和选修两个部分，其中必修课程分"阅读与鉴赏""表达与交流"两个方面。阅读与鉴赏，实际上指两种不同的阅读类型；表达与交流，包括书面和口头表达。这与义务教育语文课程的五个学习领域基本相通。很显然，对语文课程"学习主题"的这种表述，侧重在过程维度。

《义务教育语文课程标准（2022 年版）》按"语文学习任务群"划分语文课程 6 个学习领域，即"语言文字积累与梳理，实用性阅读与交流，文学阅读与创意表达，思辨性阅读与表达，整本书阅读，跨学科学习"。其中整本书阅读的"学习主题"是阅读指定的长篇小说、作品集和社科类著作，跨学科学习的"学习主题"应该是跨到其他课程的学科阅读和学科写作。上述 6 个学习领域可以看成 6 大学习任务类别，也是侧重在过程维度。

《普通高中语文课程标准（2017 年版 2020 年修订）》有 18 个"语文学习任务群"（相当于 18 个学习模块），其中必修课程侧重在过程维度，选择性必修和选修课程则过程维度和内容维度大致各半。一门课程分 18 个"学习任务群"，在强化学习领域这个层级"学习主题"的同时，也有模糊课程层级"学习主题"的可能性。或许因为这个原因,在高中语文课程标准的文本中,"阅读与鉴赏、表达与交流、梳理与探究等语文实践活动（语文学习活动）"贯穿始终。标准研制组专家在宣讲时也反复强调:"新课标所说的'活动',指的是语文学习活动,也就是'阅读与鉴赏''表达与交流''梳理与探究'这三件事。"[①]"三件事"实际上说的是语文课程的三大"学习主题",这也是从过程维度来概括描述的。

（二）学习领域层级

学习领域层级主要涉及二级、三级及以下的学习主题。如上文所说,目前有两种概括描述方式:一是竖切,按识字与写字、阅读、写作、口语沟通等。其二级学习主题涉及文类文体,如文学阅读;三级主题如诗歌阅读、散文阅读等,或者现代文阅读、古诗文阅读等。二是横切,如2022年版义务教育语文课程标准,按"文学阅读与创意表达、实用性阅读与交流"等6个"学习任务群"。其二级"学习主题"有两种概括描述方式,要么继续横切,如诗歌阅读与写作、散文阅读与写作等;要么改为竖切,其二级"学习主题"如文学阅读、创意写作等。然后再横切,结合文类文体概括表述三级及以下的"学习主题"。

从理论上讲,还可以按功能任务类别来概括描述学习领域层级的"学习主题"。比如与文学阅读相区别的实用性阅读,根据笔者的研究[②],有"以获取资讯为目的的阅读、程序性文本的操作性阅读、自我导向的致用性阅读、普通读者'有难度'的理论读物阅读、必读理论书的分析

[①] 《语文建设》编辑部.语文学习任务群的"是"与"非"——北京师范大学王宁教授访谈[J].语文建设,2019（1）:4.

[②] 王荣生.国民语文能力构成研究（阅读篇）[M].上海:华东师范大学出版社,2022.

性阅读、论说性文章的理解性阅读与批判性阅读以及批判性反思、学科阅读与学术语言能力"8种主要阅读类型。每种阅读类型,再分出亚类型,例如"以获取资讯为目的的阅读"至少有三种亚类型:知道"去哪里找"——探测性阅读,知道"找什么"——搜索性阅读,知道"有什么"——检视性阅读。

(三) 单元层级

单元(unit)是学习单元的简称①。在国家课程和统编教材的体制下,语文课程和语文教材、语文教学如何合理地规划和组织学习单元,尚有一系列问题需要进一步研究。

如上一节所述,较为合理的是从两个角度来组织单元:一是语篇类型,即文类文体;二是读者的阅读目的,即功能目的。这两个角度,所讲的都是阅读和写作的任务类别或任务类型。

《剑桥学习科学手册(第2版)》描绘了自2006年第1版发行以来学习科学领域的新进展,在全书36章中有23章是新增内容。其中新增的第30章《学会读与写》介绍了这方面的最新进展。读写知识有三种类型②:一是"读写学习的一般性知识",涉及小学三、四年级需达到的流畅阅读和初级写作的知识、技能。二是"阅读和写作中的任务特殊性知识",即按文类文体的阅读和写作知识、技能、方法、策略等。目前研究和学校教育的趋势,是进一步强化并细分文体:"任务特殊性知识取向则进一步认为,不同类型的诗歌——十四行诗、自由体诗歌、五行打油诗

---

① 格兰特·威金斯,杰伊·麦克泰. 理解为先单元教学设计实例:教师专业发展工具书 [M]. 盛群力,等,译. 宁波:宁波出版社,2020:303.
② R. 基思·索耶(R. Keith Sawyer)主编. 剑桥学习科学手册:第2版 [M]. 徐小东,杨刚,等,译. 北京:教育科学出版社,2021:622-637.

或任何其他诗歌类型——也需要各自独特的知识。"① 三是"阅读和写作的共同体特殊知识",即共同体成员在阅读和写作中使用的更特定的知识,包括有文化差异的读写知识。例如申报科研项目的填表要有很特定的写作知识和技能,没有行家的专门指导,要想所填写的申报表让评审专家一眼就能看上几乎没有可能性,所以申报科研项目的填表现在变成了一门"显学"。

需要说明的是,概括描述一个单元的"学习主题",与教材单元的编制策略和方法,与教学单元设计中所选用的教学模式和教学方法,有较紧密的联系,但它们是三个不同性质的论题。"学习主题"是关于学习内容(教学内容)的,属于课程论范畴;教材单元的编制策略和方法,属于教材论的范畴;教学模式和教学方法是关于学习活动的,属于教学论范畴。

单元层级的"学习主题"与具体单元的标题也不是一回事。具体单元的标题,最好用"学习主题"来表述,也可以用课文材料的内容主题即"人文主题"来表述,或者用"活动主题"来表述,还有其他表述方式。但用"人文主题"或"活动主题"做单元标题,有可能误导乃至"忘记"学习主题。目前颇为流行的两种组织阅读单元的方法,看来都有较大问题。

一是"人文主题"。义务教育语文课程标准文本中出现在"教学提示"部位的"春夏秋冬""多彩世界""童心天真""英雄的童年"等等,所说的"学习主题"其实是指所意想之单元的"人文主题"。而那每处都紧跟着的"等等"两字,则透露出这样一个信息:一个由多篇课文构成的单元,其"人文主题"几乎是无限的。上文中曾说过,单元

---

① R. 基思·索耶(R. Keith Sawyer)主编. 剑桥学习科学手册:第 2 版 [M]. 徐小东,杨刚,等,译. 北京:教育科学出版社,2021:633.

"学习主题"是与该单元的学业评价联系在一起的。教、学、评一致，只有作为学业评价要点的内容，才是该单元的"学习主题"。如果把"人文主题"作为单元的"学习主题"，那就必须把学业质量评价的要点放在"人文主题"，而新修订的高中和义务语文课程标准"学业质量描述"却基本上没有涉及"人文主题"这个方面。一门课程的"学习主题"既近乎无限，又不将其纳入学业质量评价，那就匪夷所思了。

二是"活动主题"，即"做任务"来组织单元。"做任务"是教学法意义上的"驱动任务"，如"自编一本《唐诗集》"等，其实是"活动主题"，或可称之为"作业主题"。据笔者的目力所及，有较成功的案例，如北京十一中学闫存林老师在其著作《语文学习任务设计：原理、方法与案例》①所呈现的一些实施案例。但成功看来有苛刻的条件：（1）教师对课程实施有较大的"自由裁量权"，例如可以把高一年级必修教材的课文与本来二年级才学的选择性必修教材中的课文"重组"为一个单元，或者选用较多的教材之外的阅读材料与教材中的课文"重组"为一个单元。（2）教师有较丰富的语文课程内容知识和较高水平的学科教学知识，对"做任务"要学习的内容，即真正的"学习主题"，能较好地把握。（3）学生大多是优秀学生，好学，愿意被那些具有挑战性的作业驱动、投入到教师所规划的学习活动中。或者是一些专家或名师外部介入的试验性教学（偶尔一次），学生充满新奇感。（4）并非不重要——学生的考试成绩要有较大把握能够进入满意的大学。关键是上述第 2 条，教师特优秀，因为"做任务"（挑战性作业）来驱动的教学，是一种教师导

---

① 闫存林. 语文学习任务设计：原理、方法与案例 [M]. 中国人民大学出版社，2022.

向①——教师主导的教学方式。

一般说，以"做任务"主题活动来驱动的语文学习，较适合写作、口语沟通这些以过程维度为主的学习领域，阅读领域可能较适合"实用性阅读"。应用到"文学阅读"很怪异——在现实世界中普通读者的常态阅读，似乎从来没有人用这种方式来阅读文学作品，比如"自编一本《唐诗集》"。

不管适合不适合，无论是写作、口语沟通、语言文字积累与梳理、跨学科学习，还是实用性阅读、思辨性阅读、文学阅读、整本书阅读，"活动主题"都不是语文课程"学习主题"，因而也不是这个或那个单元的"学习主题"。

---

① 克努兹·伊列雷斯. 我们如何学习：全视角学习理论［M］. 孙玫璐，译. 北京：教育科学出版社，2010：267.

语文课程的核心词"阅读理解"

自 21 世纪初到现在的语文课程标准文本都刻意遮蔽语文课程的核心词"阅读理解"以及与它紧密相连的"阅读能力""学习阅读",这种遮蔽有较大弊端。"阅读理解"是阅读的核心。"阅读理解能力"有三重含义:一是统括解码能力、所必需的背景知识、阅读理解过程的心智活动这三个方面,二是专指解码能力,三是特指阅读理解过程的心智活动。"阅读理解过程的心智活动"实质是运用阅读方法和阅读策略,在解码能力和背景知识基本具备的前提下,阅读理解能力即阅读方法与阅读策略的运用能力。中小学生"学习阅读"的核心内容,一是在认字基础上的识词,达到流利阅读水平;二是阅读理解,学习并运用阅读理解的方法和策略,抓住关键词、关键语句,在上下文的联系中理解作者所表达的意思。

一、问题的提出

语文课程是一门综合性、实践性课程,包括识字与写字、阅读、写作、口语沟通等学习领域。口语沟通在我国语文课程中尚处在边缘,识字与写字服务于阅读和写作；尽管有学者曾提议以写作为中心来架构语文课程，但以往和现在的语文课程事实上都是以阅读为中心的。《普通高中语文课程标准（2017年版2020年修订）》和《义务教育语文课程标准（2022年版）》用"与"来重构语文课程的学习领域——"实用性阅读与交流""文学阅读与创意表达（写作）""思辨性阅读与表达"，这进一步强化了以阅读为中心的理念。

以阅读为中心是否妥当，也许有再研讨的必要；但当务之急，应该是把这个既定的"中心"落实到位。但落实看来有许多障碍，其中最大的障碍，竟然源自语文课程标准。从21世纪初到现在，"阅读理解"在语文课程标准文本中被刻意遮蔽，一门以培养学生阅读能力为己任的语文课程，在其课程标准文本中居然没有"阅读理解"以及与它紧密相连的"阅读能力""学习阅读"这些在国际上通行并在语言学、认知心理学、阅读心理学、学习科学、教育学等多学科领域广泛运用的学术词汇。这已人为地造成了阅读领域乃至语文课程与教学的一系列无谓纷扰和莫名举措。笔者以为，这种状况再也不能继续下去了，正本清源势在必行。

二、课程标准文本刻意遮蔽"阅读理解"的证据

刻意遮蔽，表现在以下五个方面。

（一）抹掉核心词

以义务教育语文课程标准为例，2001年《全日制义务教育语文课程标准（实验稿）》（以下简称"2001年稿"）和以此为底本的《义务教育语文课程标准（2011年版）》（以下简称"2011年版"），都没有"阅读理解"这个词；仅在"课程基本理念"的第一条"全面提高学生

的语文素养"中出现 1 次指向阅读理解的"阅读能力":"语文课程应激发和培育学生热爱祖国语文的思想感情,引导学生……具有适应实际生活需要的识字写字能力、阅读能力、写作能力、口语交际能力,正确运用祖国语言文字。"①

《义务教育语文课程标准(2022 年版)》(以下简称"2022 年版")"貌似"出现 1 次"阅读理解":"能复述读过的故事,概括文本内容,根据自己的阅读理解提出问题并与他人交流。"②"根据自己的阅读理解"指的是阅读理解的结果,这与通常所讲的指向心理过程的"阅读理解"不是同一个意思。2022 年版在总目标中也"貌似"提到 1 次"阅读能力",但它似乎是对 2011 年版的同一句话做的些修辞性的调适:2011 年版是"具有独立阅读的能力,学会运用多种阅读方法"③,2022 年版调换了语序并去掉了一个"的"字,表述为"学会运用多种阅读方法,具有独立阅读能力"④。"具有独立阅读能力",其读法是"具有独立阅读(的)/能力",这与人们通常所说的"阅读能力"不是同一个词语。

2001 年稿和 2011 年版,都没有"学习阅读"这一词语。2022 年版在"实用性阅读与交流"第二学段的课程内容中"貌似"出现 1 次:"学习阅读说明、叙写大自然的短文,感受、欣赏大自然的奇妙与美好。"⑤这里的"学习阅读"与阅读研究者所说的"学习阅读"不是一回事,其读法应该是"学习/阅读说明、叙写大自然的短文"。不知这里的"学习/阅读"与 2022 年版中出现的 209 次"阅读"作何分别?

---

①③ 中华人民共和国教育部. 义务教育语文课程标准(2011 年版)[S]. 北京:北京师范大学出版社,2012:2,7.

②④⑤ 中华人民共和国教育部. 义务教育语文课程标准(2022 年版)[S]. 北京:北京师范大学出版社,2022:39,6,24.

（二）套用上位词

阅读理解的上位词是"阅读"。比照以下两句可以看出，在语文课程标准文本中"阅读"经常与"理解"交替使用：（1）"在阅读中体会句号、问号、感叹号所表达的不同语气。"①（2）"在理解课文的过程中体会顿号与逗号、分号与句号的不同用法。"②很明显，前一句的"在阅读中"，也就是后一句的"在理解课文的过程中"。

"阅读"一词在2022年版中共出现209次，其含义大致包含两个方面：一是阅读活动，也就是做阅读这件事情，例如"喜欢阅读，感受阅读的乐趣"③"课外阅读总量不少于5万字"④等。其中在"教学提示"部分中有两次明确使用"阅读活动"："应统筹安排课内与课外、个人与集体的阅读活动""整本书阅读教学，应以学生自主阅读活动为主"。⑤二是"阅读理解"，例如"阅读说明性文章，能抓住要点，了解文章的基本说明方法"⑥。

大量地用上位词"阅读"来指称"阅读理解"，极容易出现歧义。比如"阅读反映少年成长的故事、小说、传记等，交流自己获得的启示"⑦，既可以解释为进行阅读活动，也可以解释为能够阅读理解，还可做第三种解释，即"学习阅读"。不同的解释，势必导致对课程内容的不同认识，进而导致教学实践在教学目标的确定和教学内容的选择、教学方式和方法等方面大相径庭的不同作为。

（三）混用多义词

无论2011年版，还是2022年版，在阅读领域的学段目标中都大量地

---

①②③④⑤⑥⑦　中华人民共和国教育部. 义务教育语文课程标准（2022年版）[S]. 北京：北京师范大学出版社，2022：8，12，7，8，33，12，27.

使用"理解"这个词,尤其是2022年版新增的学业质量部分,频繁地出现"理解"。笔者将2022年版"理解"一词的分布及其频次,列表如下。

表1 2022年版中"理解"的分布及其频次

目录	总次数	与阅读有关	与阅读无关
总方案	1	0	1
课程性质	1	0	1
总目标	2	2	0
学段目标	13	9	4
课程内容	4	3	1
学业质量	12	12	0
课程实施	9	2	7
合计	42	28	14

从表1来看,与阅读无关的"理解"合计出现14次,有三种情况:一是在总方案、课程性质、课程实施部分出现的,有9次,如"教师要准确理解义务教育语文课程的基本理念"①。二是在学段目标和课程内容部位出现但与阅读无直接关系的,有2次;第一次是学段目标中的"注重理解中华优秀传统文化蕴含的核心思想理念、中华人文精神和传统美德"②,第二次是课程内容中的"加深对语言文字及其文化内涵的认识和理解"③。三是涉及口语沟通的学段目标,有3次,如"乐于表达,与人交流能尊重和理解对方"④。

与阅读有关的"理解"合计出现28次,占总数的66%。大致也是三种情况:一是字词的识别,在学业质量部分有3次,如"认清字形、读准字音、正确理解汉字的意思"⑤。二是指向阅读理解的结果,在学业质量部分至少有6次,如"用朗读、复述等自己擅长的方式呈现对作品内

---

①②③④⑤ 中华人民共和国教育部.义务教育语文课程标准(2022年版)[S].北京:北京师范大学出版社,2022:44,17,21,12,27.

容的理解"①等。三是指向阅读的心理过程，即通常所说的"阅读理解"，在课程总目标和学段目标部分中出现的"理解"一词，大都是这个含义。需要指出的是，在2022版的课程内容部分，"理解"一词仅出现4次，其中只1次指向阅读的课程内容；也就是说，语文课程内容含义上的"阅读理解"，仅在2022年版中被隐晦地提到过1次。

较大量地使用"理解"这个词，表明"阅读理解"事实上无法回避。而课程标准文本中频繁出现的"理解"一词，既包括与阅读无关的，也分指阅读理解的结果或者阅读理解的心理过程，究竟是何含义颇费思量，要靠上下文语境的线索来猜测辨认。

在教育领域，"理解"这个术语至少有三个意思：一是阅读理解，英文是"reading comprehension"，其理解的对象是语篇（文本）。二是教育目标分类学的"认知过程维度"中区别于记忆、应用、分析、评价和创造的那个"理解"，英文是"understand"（动词），其理解的对象是知识，主要是"概念性知识"。三是威金斯等人所倡导的"追求理解的教学（UBD）"的理念化名词"理解"，英文是大写字母开头的"Understanding"或"enduring Understandings（持久理解）"，"理解"（名词）涵盖所有理想的学习结果（理解的六个侧面②），其理解的对象被称之为"大概念"或"大观念"。语文教育界当下的种种纷扰，往往源于把上述三个不同含义的"理解"混为一谈。

（四）使用下位词

在课程标准文本中使用了一些具体描述"阅读理解"认知活动的行

---

① 中华人民共和国教育部. 义务教育语文课程标准（2022年版）[S]. 北京：北京师范大学出版社，2022：40.
② 格兰特·威金斯，杰伊·麦克泰. 追求理解的教学设计（第二版）[M]. 闫寒冰，译. 上海：华东师范大学出版社，2017：92-117.

为动词，如"描述""区分""概括""分析"等。但这些下位词，由于缺失能够统括这些行为动词的上位核心词"阅读理解"，常常与教育目标分类学中在"学习知识"意义的同类词语相混淆。

"阅读理解"涵盖认知和情感两个领域，阅读理解过程中的认知活动包括识别、回忆、描述、区分、概括、分析、综合、评价和认知策略运用等多种复杂成分，而且时常与情感体验、态度和价值观的判断等交织在一起。

教育目标分类学（修订版）只涉及认知领域，"认知过程维度"分为记忆、理解、应用、分析、评价、创造六个方面或层次。"理解"只是其中一个方面，而且往往被认为是较低层次的能力。"理解"及其替代名称"描述""区分""概括"等，与"分析""评价"等高阶能力不在一个层次上。教育目标分类学（修订版）的认知过程维度和知识类型有一定的对应关系，与"理解"相对应的知识类型是概念性知识，而语篇（课文）的言语表达在知识类型中被划归于"事实性知识"（具体细节和要素的知识），与"事实性知识"相对应的认知活动主要是记忆（识别、回忆）。显然，用教育目标分类学的这套词语系统来解说"阅读理解"方枘圆凿。

（五）变相替代词

2011年版、2022年版和《普通高中语文课程标准（实验）》（2003年）、《普通高中语文课程标准（2017年版2020年修订）》，都大量使用了试图在含义上替代"阅读理解"的多个词语来变相地表述"阅读理解"的含义，比如"感受""体验""体会""领悟"等。2022年版的用词情况如表2所示。

表2 2022年版替代"阅读理解"的主要用词及频次

词语	频次	词语	频次	词语	频次
感受	72	把握	22	品味	5
体验	38	欣赏	18	领悟	5
发现	38	获得	11	领会	3
体会	33	感悟	9	体味	2

语文课程标准文本中的上述替代词，都缺乏明确界定和专业的用法，致使"阅读"和"阅读理解"的面目难辨。例如"体会"与"领会"、"领悟"与"感悟"，它们是同一件事情还是有所分别？如有分别，如何分辨？大量采用朦胧地描述文学作品的阅读理解的词语，也透露了语文课程的阅读观念偏颇和阅读领域偏狭。

综上所述，"阅读理解"以及与它紧密相连的"阅读能力""学习阅读"，在21世纪初到现在的语文课程标准文本中被系统化地遮蔽了。遮蔽，或许有"纠偏""改革"的良好意图；但这种"更换词语"的纠偏法，是有较大弊端的。缺失"阅读理解"这一语文课程的核心词，我们就难以分辨，甚至难以言说"阅读活动"和"学习阅读"，难以明了、甚至难以描述"阅读能力"和"阅读素养"的具体所指，因而难以清晰地把握语文课程阅读领域的课程目标和课程内容。

三、阅读的核心是"阅读理解"

国民阅读能力是国家软实力的集中体现，培养并持续提高中小学生的阅读理解能力，无论对国家还是学生个体都有及其重要的意义和价值。

"阅读"有广狭两层含义。广义的阅读即"阅读活动"，指阅读的行为、做阅读这件事情。"阅读是读者所做的作为其生活的一部分的事情。"① 我们平常所说的"推动全民阅读""培养阅读兴趣""养成阅读习惯"等，就是指做阅读这件事情。

阅读活动涵盖阅读之前、阅读之中和阅读之后。阅读之前，涉及阅读的观念、对阅读重要性的认识、主动阅读的态度、阅读活动的参与度以及挑选读物、阅读的准备工作等；阅读之中，核心是"阅读理解"，也包括阅读过程的行为调节，比如明确阅读任务、在阅读理解过程中圈划评注、保持专注、积极思考的阅读习惯等；阅读之后，表现为各种形式的输出，通过阅读获取信息、学习知识、解决问题、参与文学生活、获得思想和精神的启迪。

在生活、学习和工作中积极、主动地参与阅读活动的能力表现，可称之为"广义的阅读能力"。在阅读研究和阅读教学领域，广义的阅读能力通常表述为"通过阅读来学习"，例如《牛津阅读手册》就将"熟练阅读"定义为"通过阅读获取有助于回答开放性问题、解决问题或制定决策的内容知识"②。广义的阅读能力，也就是人们所说的"阅读素养"："为了实现个人发展目标、增长知识、发挥潜力并参与社会活动，而理解、使用、评价、反思文本并参与阅读活动的能力。"③

狭义的阅读即"阅读理解"，指从文字、图表等视觉材料（语篇）获取意义的心理过程。具体语篇的阅读过程，是"从呈现的文本中推导

---

① 理查德·梅耶，帕特里西亚·亚历山大，主编.学习与教学：理论研究与实践意蕴（第二版）[M].庞维国，梁平，皮连生，等，译.上海：华东师范大学出版社，2022：8.

② 亚历山大·波拉塞克，瑞贝卡·特雷曼，编.牛津阅读手册 [M].陈明瑶，程甜，译.北京：商务印书馆，2021：928.

③ 国际学生评估项目中国上海项目组.质量与公平：上海2009年国际学生评估项目（PISA）结果概要 [M].上海：上海教育出版社，2013：6.

出意义的复杂交流行为"①。读者对具体语篇的理解，需具备以下三个条件：

1. 解码能力，即认字识词断句，建立符号和语义的链接。

2. 背景知识，指理解语篇所涉主题（话题、内容）必需的生活经验和百科知识。

3. 阅读理解过程的心智活动，包括寻找明显信息、推论隐含信息、综合和解释篇章、评价篇章内容及语言形式等。

通常所说的"阅读能力"，一般是狭义的，特指阅读理解能力。如图 1 所示，"阅读理解能力"有三重含义：

1. 统指阅读理解的综合能力，包括解码能力、所必需的背景知识、阅读理解过程的心智活动这三个方面。

2. 专指解码能力，即认字识词连贯语句的基础阅读能力。具有解码能力，才能"流利阅读"，包括流利朗读和连贯默读。培养流利阅读是小学低中段语文教学的主要任务。

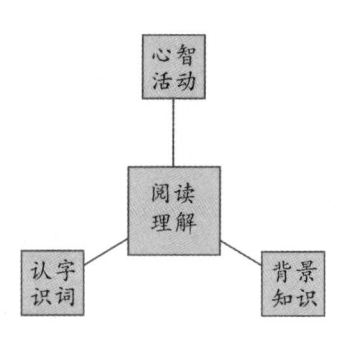

图 1　阅读理解的三个条件

3. 特指阅读理解过程的心智活动。在解码几乎自动化、对语篇所涉主题内容不陌生的前提下，影响阅读理解的主要因素是理解过程的心智活动。小学中高段以上语文教学中所说的"培养阅读能力"，主要指这一个含义的阅读理解能力。

如果加以仔细辨别，我们还可以在广义的阅读能力（阅读素养）和

---

① 理查德·梅耶，帕特里西亚·亚历山大，主编. 学习与教学：理论研究与实践意蕴（第二版）[M]. 庞维国，梁平，皮连生，等，译. 上海：华东师范大学出版社，2022：7.

狭义的阅读能力（阅读理解能力）之间，析分出介乎两者之间的"中观的阅读能力"——使用、评价、反思文本的能力。图示如下：

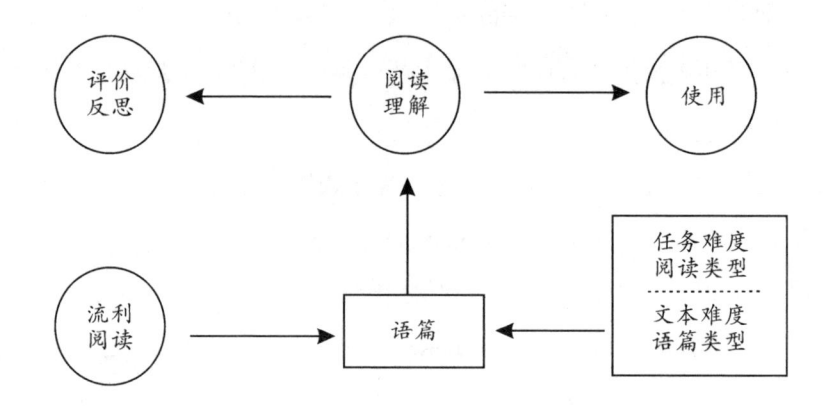

图 2 "阅读理解"与使用、评价、反思的关系

从图 2 中可以清楚地看到：流利阅读是为了阅读理解，对语篇（文本）内容和形式进行评价必须以阅读理解为前提，在阅读理解的基础上才谈得上反思和利用文本。"阅读活动的核心是理解，这几乎是所有教育家、心理学家的共识。"①

四、"阅读理解过程的心智活动"解析

"阅读理解的过程是综合运用许多不同的技能、策略、知识库和认知能力的过程。"② 依据心理语言学的眼动原理，"阅读理解过程的心智活动"可做如下解析。

---

① 《心理学百科全书》编辑委员会. 心理学百科全书（上卷）[M]. 杭州：浙江教育出版社，1995：518.
② 亚历山大·波拉塞克，瑞贝卡·特雷曼，编. 牛津阅读手册[M]. 陈明瑶，程甜，译. 北京：商务印书馆，2021：691.

阅读是眼睛"看"连贯的文字（语篇）①，阅读理解过程的心智活动，关联眼睛与大脑。阅读过程中的眼动（眼球）有四种模式：注视、眼跳、回视和回扫。回扫是从上行之尾到下行之首。回视是眼睛又退回到刚才注视过的地方。眼跳是从一些字跳到另外一些字，跳的跨度即眼跳距离；在阅读的眼跳时不能获得视觉信息，因而也不发生理解。阅读时主要在注视期间获得信息，注视即较长时间地（单位是毫秒）看，被注视的字词语句，称之为"注视点"②。

"眼球运动与其规则中最令人惊叹的是眼睛与大脑之间的密切联系。"③ 阅读中的"看"，与其说是眼在看，不如说是脑在"看"，是人脑获得语篇的意义。"在阅读过程中始终存在着两条视线，一条是（眼睛）生理性的外部视线，一条是（大脑）心理性的内部视线。"④ "人们阅读时所注视的内容正是他所加工的内容"⑤，外部视线的"注视点"，其实就是内部视线的"意识点"。

因此，阅读中的"阅读理解"问题，可以看成"注视点"和"意识点"的关系问题。也就是说，"注视点"要与"意识点"同步⑥，眼睛的"注视点"，应该看到语篇的关键点。

"语篇的关键点"或称"文本关键点"，包括语义方面和非语义方

---

① "阅读：看（文章）。"中国社会科学院语言研究所词典编辑室. 现代汉语词典（第5版）[M]. 北京：商务印书馆，2007：336.
② 参考沈德立主编. 学生汉语阅读过程的眼动研究 [M]. 北京：教育科学出版社，2001：44-47.
③ 玛丽安娜·沃尔夫，著. 普鲁斯特与乌贼：阅读如何改变我们的思维 [M]. 王惟芬，杨仕音，译. 北京：中国人民大学出版社，2012：141.
④ 顾晓鸣. 阅读的战略 [M]. 上海：上海人民出版社，1987：32.
⑤ 闫国利编著. 阅读发展心理学 [M]. 合肥：安徽教育出版社，2004：268.
⑥ 白学军，闫国利. 阅读心理学 [M]. 上海：华东师范大学出版社：2017：12；闫国利编著. 阅读发展心理学 [M]. 合肥：安徽教育出版社，2004：268.

面。前者如具体语篇中的关键词语、关键语句、关键语段、篇章结构等；后者如诗歌的断行和分段、教科书关键词加黑、揭示主题的小标题等语篇的形式特征、特点等。"关键点的意义"，指语义方面和非语义方面的意思和意味。

依据"眼—脑"的原理，语篇的阅读理解大致可以归结为相互联系的两个要点：(1) 眼"看到"（注视）语篇的关键点。(2) 脑"看出"（理解）关键点的意义。

那么如何才能"看到"并"看出"呢？答案是要"知道"某类语篇的关键点，并且在阅读中能够"抓住"（注视）这些关键点。

于是，如何"看到"关键点并"看出"其意义，就转化为语篇的关键点"在哪里"以及在具体语篇的阅读中"如何"抓住这些关键点的问题。而语篇的关键点"在哪里"，取决于两个方面：一是读者的阅读目的和任务，二是读物的语篇类型。在常态的阅读中，主要取决于语篇类型。

语篇类型之所以是语篇类型，是因为同一类型的语篇具有共同的特征，诸如内容题材、篇章结构、表达方式、语体风格、语言修辞等。这样，语篇的关键点"在哪里"，就转化成了语篇类型的特征的问题，比如诗歌、小说、散文、新闻报道、知识普及读物，等等。

依据语篇类型的特征，使阅读者能"看到"语篇中的关键点的方法，这就是"阅读方法"（国外文献称为"阅读技巧"或"阅读技能"）。新闻的阅读方法，是依据新闻特征的阅读方法；中国古代近体格律诗的阅读方法，体现着文言诗的句法和近体诗的格律；神话、寓言、民间故事、童话等，都是叙事作品，但体式各异，所以阅读方法也同中有异。

当然，也有一些各类语篇所共有的属性，因而也有一些适用于阅读各类语篇的通用方法。适用于阅读各类语篇的通用方法，称之为"阅读策略"，包括"阅读理解策略"和阅读过程中的自我监控与调节。

阅读理解策略主要有推论、预测、提问、联结、图像化、确定重点、释疑、总结等。例如：推论——能够利用文本提供的线索，合理进行补充假设和合乎常理的推断；预测——包括基于标题、图片和关键词等来预测将要阅读的内容，又比如故事文本阅读中对人物、事件、故事结局等的预测；提问——在阅读前、阅读中和阅读后都能够提出关于文本的或者由文本而生发的问题，从而更深刻理解文本的含义。

一般说，阅读方法侧重在引导读者"看到"语篇的关键点，阅读理解策略侧重在"看出"关键点的意义。在阅读理解过程中，阅读方法和阅读策略互补，两者都是必需的。

从"阅读理解过程的心智活动"的上述解析，我们可以得出如下推论：阅读理解过程的心智活动——寻找明显信息、推论隐含信息、综合和解释篇章等，实质是运用阅读方法和阅读策略。特指阅读理解过程心智活动的"阅读理解能力"，也就是阅读方法与阅读策略的运用能力。

五、"学习阅读"及其核心内容

《牛津阅读手册》对"学习阅读"的定义是："以实现个人目的和满足个人需要的方式使个体变得能够参与阅读行为。"[①] 正如"阅读"有广狭义之分，"学习阅读"也分广义和狭义。广义指行为，通过学习从而"变得能够"做阅读这件事情。狭义指阅读理解，通过学习从而"变得能够"阅读理解各种类型、难度的语篇（文本）。阅读教学领域一般是按狭义来使用"学习阅读"这个术语的，主要指语文课堂里学生的学习。

---

① 理查德·梅耶，帕特里西亚·亚历山大，主编. 学习与教学：理论研究与实践意蕴（第二版）[M]. 庞维国，梁平，皮连生，等，译. 上海：华东师范大学出版社，2022：7.

语文课堂里的学生有两重身份：一是阅读者，进行阅读活动；二是学习者，学习阅读。学生是阅读的主体，学生自读一篇课文，凭借他们的生活经验和已经形成的阅读能力，产生他们的理解和感受。然而，学生的理解可能不正确，感受可能不到位。因为阅读教学中的"课文"高于学生现有阅读理解能力，受阅读理解能力的局限，学生不足以理解作者所表达的意思和意味。

一方面，对课文的理解、感受，是学生的理解和感受；另一方面，对课文，学生可能理解不了、感受不够、欣赏不到。这就是阅读教学的基本矛盾。

在小学低中段，主要矛盾在字词方面，所谓"生字生词"。培养认字识词连贯语句的基础阅读能力，使学生逐步达到流利阅读，是小学阶段尤其是小学低中段学生"学习阅读"的核心内容。

当前小学语文教学普遍存在三个大问题：一是重认字轻识词。中文是表意文字，识记汉字的音形义，是基础阅读能力的基础。然而，字是书写单位，词才是语言的使用单位，"汉字构形系统与汉语词汇系统是虽有关联却实质不同的符号系统"①。认字的目的，是为了识词——阅读理解含义上的"解码能力"，指的是迅速而准确地（自动化）识别词语并知晓词义。二是字词学习与课文学习割裂。识字写字是一个教学环节，主要是音和形；课文学习是另一个教学环节，所谓"感受""感悟""体验""体会"云云，与字词的学习几乎不发生关系，更没有把词义的准确理解作为教学内容的重点。三是流利朗读流于表面，关注的是"正确""有感情"，实际上是读准字音+注入夸张表情，对"连贯"——词语和语句的断连、轻重、语调等，缺乏指点。

---

① 王宁.论汉字与汉语的辩证关系——兼论现代字本位理论的得失[J].北京师范大学学报（社会科学版），2014（01）：77.

流利阅读（流利朗读和连贯默读）以自动化的识词（不仅仅是认字）为前提，"词汇水平可以预测阅读理解的成长"①。阅读专家的新近研究进一步发现：掌握词汇可分为广度和深度两个方面；广度指掌握的单词的数量（识字量），深度指对某一词的词义和用法的熟悉度。"词汇知识的深度是衡量理解能力的重要预测指标，其重要性甚至超过了词汇的广度。"②

上述研究提示我们：小学阶段尤其是小学低中段应该重视词汇教学，并把准确掌握词义作为教学内容的重点。在课文语境中学习词语"必须经历语义和文意的相互联系和相互转化的双向过程"③，小学语文教学要"识字学文"与"学文识词"联动，通过认字去学文、在学文中识词。

然而，迅速而准确地识别单词的含义"可能是阅读理解的必要不充分条件"④。流利阅读不等于阅读理解。从流利阅读的"流畅的解码级阅读者"转变为具有较强阅读理解能力的"策略性阅读者"，正如阅读专家玛丽安娜·沃尔夫所说的，"这段旅程会一直持续到青少年时期，一路上会遭遇许多障碍"⑤。

到了小学的中高段和中学，扩展词汇、准确掌握词义依然是重要学习内容，但主要矛盾转移到阅读理解，表现为眼"看不到"（注视）语篇的关键点、脑"看不出"（理解）关键点的意思和意味。因而要在阅读的过程中学习如何阅读。

---

① 理查德·梅耶，帕特里西亚·亚历山大，主编. 学习与教学：理论研究与实践意蕴（第二版）[M]. 庞维国，梁平，皮连生，等，译. 上海：华东师范大学出版社，2022：16.

②④ 亚历山大·波拉塞克，瑞贝卡·特雷曼，编. 牛津阅读手册[M]. 陈明瑶，程甜，译. 北京：商务印书馆，2021：696, 697.

③ 王宁. 汉语语言学与语文教学[J]. 中国社会科学，2000（03）：174.

⑤ 玛丽安娜·沃尔夫，著. 普鲁斯特与乌贼：阅读如何改变我们的思维[M]. 王惟芬，杨仕音，译. 北京：中国人民大学出版社，2012：133.

如图 3 所示，阅读理解有过程和结果两个维度。阅读的目的，是为获得理解的结果；但学习阅读，则需从阅读理解过程入手，即学习有效地运用阅读方法和阅读策略。

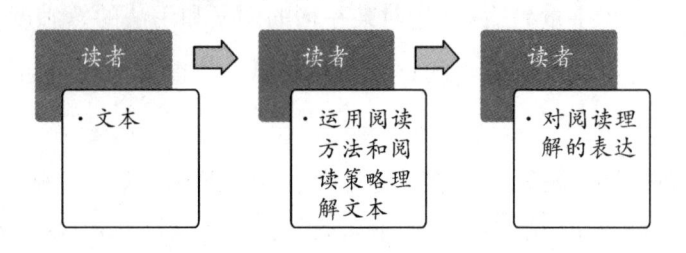

```
┌─────────┐     ┌─────────┐     ┌─────────┐
│  读者   │ ──▶ │  读者   │ ──▶ │  读者   │
│ ·文本   │     │·运用阅读│     │·对阅读理│
│         │     │ 方法和阅│     │ 解的表达│
│         │     │ 读策略理│     │         │
│         │     │ 解文本  │     │         │
└─────────┘     └─────────┘     └─────────┘
```

图 3　阅读理解的过程与结果

学习和运用阅读方法与阅读策略，是小学的中高段和中学"学习阅读"的核心内容。早在 20 世纪 30 年代，叶圣陶就洞察到这个论断[①]：

> 国文教学（笔者注：中学语文教学）自有它独当其任的任，那就是阅读与写作的训练。
>
> 第一，必须讲究方法。怎样阅读才可以明白通晓，摄其精华，怎样写作才可以清楚畅达，表其情意，都得让学生心知其故。第二，必须使种种方法成为学生终身以行的习惯。因为阅读与写作都是习惯方面的事，仅仅心知其故，而习惯没有养成，还是不济事。国文教学的成功与否，就看这两点。

可惜，经历多次变故的语文课程与教学，受种种纷扰而迷失了"独当其任的任"。

学习和运用阅读方法与阅读策略是小学的中高段和中学"学习阅读"

---

① 叶圣陶. 叶圣陶语文教育论集 [M]. 北京：教育科学出版社，2015：42.

的核心内容，其道理其实并不复杂，语文教师尤其中学语文教师应该是一点拨就能够想明白的。

语文教学要使学生"学会如何阅读"从而提高阅读能力，这应该是绝大多数语文教师都具有的意念和意愿。而语文教师所说的"提高阅读能力"，往往跟语文考试成绩相关联。以中考、高考的现代文阅读卷为例：

1. 试卷上的阅读材料，在原则上应该是学生们都没有见过的新材料。也就是说，教师和学生所教所学的课文是不考的。

2. 新材料中的字词，是或者应该是学生们都能认读的，个别生僻字词或术语必要时也会出示注释。也就是说，字词解码能力不是阅读能力测试的主要内容。

3. 理解该材料所需的背景知识，一般默认全体考生都已具有或应该具有。为了体现考试的公平性，试卷上的阅读材料不会出现区域性、行业性的特殊内容。也就是说，阅读理解所必需的背景知识，不是阅读测试的内容。

4. 因此可以推论，阅读考试所考的阅读能力，主要关乎阅读理解过程的心智活动。而所考查的心智活动，应该是学生们在中小学语文课堂里学习过或应该学习过的。

那么，学生们在语文课堂里所学习或应该学习的，除了字词、课文、与理解课文相关的生活经验和百科知识之外，还有什么呢？关乎阅读理解过程的心智活动，应该有什么呢？

答案应该是绝大多数语文教师所意念和意愿的"学会如何阅读"。而"学会如何阅读"，在解码几乎自动化、对语篇所涉主题内容不陌生的前提下，也就是有效地运用阅读方法和阅读策略。

语文课程是广域课程，涉及许多领域的许多内容。但如果择其要，那么中小学生学习阅读的核心内容就是两个：一是认字识词，了解语篇的字面意思，达到流利阅读水平，包括流利朗读和连贯默读；二是阅读理解，学习并运用阅读理解的方法和策略，抓住关键词、关键语句，在上下文的联系中理解作者所表达的意思。

心理语言学家马克·赛登伯格（Mark Seidenberg）在《如何阅读》一书中，列举了"准确地展现了熟练阅读需要具备的核心要素"①，笔者深有同感并按照阅读理解的三个条件归类如下表。

表3　与阅读相关的专门技能

解码能力	正字法结构和书面语言与口头语言之间关系的知识，包括文字如何发音和口语如何书写。 迅速且准确地识别大量文字的能力，包括主要出现在课本中的学术词汇，例如分析、习得、鉴于等词。 各种短语和句子结构的知识，包括字面意义和修辞意义。
阅读方法和阅读策略	对单词含义的拓展认识，包括单词的多重意义和理解，以及在上下文语境中准确解释单词含义的能力。 在阅读过程中，理解复杂程度不同的句子结构，包括从句子序列中创建更大的结构，如段落、章节、文章、一本书等，在各个层面内和层面之间建立必要的联系。 识别理解错误并进行简单纠正的能力。 根据阅读目的，对理解深度和投入度做相应调整的能力。
背景知识	拥有能够理解广泛主题的相关背景知识。

---

①　马克·赛登伯格，著. 如何阅读 [M]. 吴娜，李哲，周海鹏，译. 杭州：浙江教育出版社，2022：116-117.

当然，核心要素可能不止上表中所列举的。"阅读是一个终身的过程"①，随着语篇类型的变化、文本难度的提高、阅读类型的增加和任务难度的挑战性、复杂化，学习阅读的核心内容也随之有所扩展。在中学及以上，使用、评价、反思文本的"中观的阅读能力"逐渐走到前台，汇入学习阅读的核心内容。"培养阅读兴趣""养成阅读习惯"等广义的阅读能力，始终是中小学阅读教学的重要内容乃至最为重要的内容。

六、研究结论及多余的话

综上所述，本文得出以下结论：

1. 自 21 世纪初到现在的语文课程标准文本中刻意遮蔽语文课程的核心词"阅读理解"以及与它紧密相连的"阅读能力""学习阅读"。这种遮蔽有较大弊端。

2. "阅读理解"是阅读的核心。阅读能力有广义、狭义和中观之分：广义即"阅读素养"，狭义即"阅读理解能力"，中观的阅读能力包括评价、反思和使用文本的能力。"阅读理解能力"有三重含义：一是统指，包括解码能力、所必需的背景知识、阅读理解过程的心智活动这三个方面。二是专指，即解码能力。三是特指，即阅读理解过程的心智活动。

3. "阅读理解过程的心智活动"实质是运用阅读方法和阅读策略，可以归结为两个要点：眼"看到"（注视）语篇的关键点；脑"看出"（理解）关键点的意义。在解码能力和背景知识基本具备的前提下，阅读理解能力即阅读方法与阅读策略的运用能力。

---

① 理查德·梅耶，帕特里西亚·亚历山大，主编. 学习与教学：理论研究与实践意蕴（第二版）[M]. 庞维国，梁平，皮连生，等，译. 上海：华东师范大学出版社，2022：7.

4. 中小学生"学习阅读"的核心内容，一是在认字基础上的识词，达到流利阅读水平；二是阅读理解，学习并运用阅读理解的方法和策略，抓住关键词、关键语句，在上下文的联系中理解作者所表达的意思。

阅读是"公认的在所有学习技能中居于最为核心地位的成分"①。笔者认为，切实培养学生的阅读能力应该提到国家战略的高度，中小学语文课程的阅读教学应该回归初心。

"学习阅读"的学习内容（课程与教学内容）是一个涉及面广而复杂的论题。受论题制约，本文对"培养阅读兴趣""养成阅读习惯"等广义的阅读能力和使用、评价、反思文本未能展开论述。本文关注的是"阅读理解"，对中小学阅读教学另一个重要内容"定篇"（学生必须学习的经典名篇）未涉及。本文主要论述语体文的阅读理解，对文学作品和文言文的"阅读理解"的特殊性未涉及。文言经典作品的阅读理解和中学之后的学科阅读，阅读理解的一个主要障碍是缺乏相关的背景知识（传统文化知识和学科的概念术语等知识），本文未涉及这个方面的论题。本文论述的是学习内容（课程与教学内容），未涉及教学的方式方法问题。中小学生"学习阅读"的核心内容是"在认字基础上的识词""学习并运用阅读理解的方法和策略"，这并不是说学生去"死记硬背"、老师去"传输知识"。在当前无谓纷扰的语境下，这段画蛇添足的话也许并非多余。

---

① 理查德·梅耶，帕特里夏·亚历山大，主编. 学习与教学：理论研究与实践意蕴（第二版）[M]. 庞维国，梁平，皮连生，等，译. 上海：华东师范大学出版社，2022：3.

辑二

语文课程知识

以后记、序、科普文章的形式,论述"文类视角"的当下意义,评析当今颇为热门的"情境·任务·活动"的代表性课例,论述"语文学习任务群"写作课程、写作知识与学习写作的应该模样,讲述如何来学习和消化语文教学新引进的课程知识"阅读策略"。

"文类视角"的当下意义[①]

——《语文课程内容的合理性研究》后记

一

终于收到师文编辑的一审电子稿,而我却没有了立刻处理编辑所提问题的兴致。本以为这本书稿付印在即的时候,自己一定会百感交集,没想到此刻的我却心寂如水、欲说还无语。

这本书稿有太多的周折。书稿的缘起是 2012 年申报教育部哲学社会科学后期资助项目。申报后期资助项目的前提条件是已经完成书稿的 60% 以上,在项目申报时,本书上编的四章业已成稿,下编的第五、第六章也基本有模样了。2012 年 12 月项目获批,此后因有几件迫切要做的事情,耽搁了书稿的完成:一是国家级精品资源共享课《小学语文课程标准与教材研究》的申报、建设、送审验收,二是教育部"中小学幼儿园教师培训课程标准(义务教育语文学科)"研制项目的投标、研制完稿、送审验收。直到 2018 年 6 月,本书才完成全稿并申请结项,12 月收

[①] 本文原载《语文教学通讯(高中刊)》2023 年第 9 期、第 10 期,有修改。

到《教育部社科司关于反馈教育部哲学社会科学研究后期资助项目专家鉴定意见及做好后续工作的通知》函件，本项目成果通过了匿名专家鉴定。

按上述通知的要求，又花了5个月的时间对结项的送审稿进行修改完善，于2019年6月完成修改稿并送达项目管理部门所指定的出版社。然而，因指定的出版社对应部门人手不足、各类项目的书稿堆积，我所递交的书稿，部门的编辑无暇打理；搁置了大半年之后，被告知"争取列入2022年出版计划"——"争取"的意思是不太可能。问题是该出版社不肯在列入出版计划之前签订合同或出具出版意向书，而没有出版合同或意向书，按规定程序我就不能拿到结项的证书；拿不到结项的证书，按规定我就不可以再申报新的项目。而我那时被学校推举为上海地方高校高水平创新团队"教师教育"战略创新团队的带头人，于公于私都必须争取新的国家级项目以完成"指标"。于是，与指定出版社商议变更出版单位；商议很不通畅，变更出版社的手续也较繁难，直到2020年底，才获得教育部社科司主管部门同意变更的准信。

承蒙华东师范大学出版社的接纳，2021年3月签订了出版合同，因而我拿到了该项目的结项证书。可世事难料，遭遇疫情，各方面工作都受到了较大影响。在交付本书稿的同时，我还交付了另一本书稿《国民语文能力构成研究（阅读篇）》，经师文编辑的百般努力，《国民语文能力构成研究（阅读篇）》于2022年9月出版；而这本书稿，则延误到现在才正式进入出版程序。

从办理结项，到现在有望出版，整整5年；从基本完稿而获得后期资助项目，到现在已10年有余。常言道"十年磨一剑"，而我的这一本书，则是被耽搁或延误，消磨掉了十年。

本研究所涉及的主要时段，是从1963年语文教学大纲到2017年

《全日制普通高中语文课程标准（2017年版）》颁布之前的这一时段。《全日制普通高中语文课程标准（2017年版）》尤其是《义务教育语文课程标准（2022年版）》颁布，宣告语文课程进入新一轮改革。那么，这部本该在数年前出版的研究著作，对当今乃至今后还有意义和价值吗？

这取决于对以下三个问题的回答：（1）语文课程内容的合理性问题，是否已得到妥善的解决？（2）以散文为主导文类的困境，是否已经解围？（3）从文类、文体视角的研究，是否仍有较强的效力？

二

在我看来，语文课程内容的问题在当今乃至今后依然是语文课程与教学的主要问题。

《义务教育语文课程标准（2022年版）》，除了核心素养内涵的界定、与核心素养相匹配的课程目标体系、课程内容结构化、学业质量的描述这些与各科所共有的突破性进展之外，从语文课程标准编制的角度，还有两个在我看来很重要的突破性举措：一是在语文课程标准明确设置"课程内容"板块，二是由课程内容板块而引出的"学习主题"——尽管在标准文本中出现这个词语的位置（教学提示）和方式（举例）有点出人意料。单独设置"课程内容"板块以及由此引出的对语文课程"学习主题"的关注，为语文课程研究开放了必要的空间。得益于所开放的空间，我撰写了《语文课程"学习主题"辨析——语文课程标准文本中的关键词》一文，该文的主要结论如下：

"学习主题"是课程与教学内容范畴的概念，较高层级的较为概括地表述的主要课程内容，称为"学习主题"，学科类课程也称"学科内容主题"。"学习主题"是新修订义务教育语文课程标准文本中的关键词之一，但其所指却是"人文主题""活动主题"。"人文主题"作为语文课程"学习主题"需有假设前提，"活动主题"不是语文课程"学习主题"。①

换言之，语文课程标准明确设置"课程内容"板块，只是为解决课程内容问题提供了必要条件，并不等于语文课程内容问题就迎刃而解了；而把"人文主题""活动主题"指认为语文课程的"学习主题"，则有指鹿为马之嫌。这从反面佐证了语文课程内容是否合理的问题，确乎是一个必须妥善解决的大问题。

三

以散文为主导文类的现象依然存在，所造成的阅读和写作教学的困境依然如旧；而且当今的阅读教学还陷入了一个新的陷阱。

正如有论者所说，"语文学习任务群"是本次语文课程改革的热点和焦点。《普通高中语文课程标准（2017年版2020年修订）》明确"以语文学科核心素养为纲，以学生的语文实践为主线，设计语文学习任务群"。《义务教育语文课程标准（2022年版）》进一步明确"义务教育语文课程内容主要以学习任务群组织与呈现"，语文课程划定为"语言文字积累与梳理""实用性阅读与交流""文学阅读与创意表达""思辨性阅读与表达""整本书阅读"和"跨学科学习"这6个"学习任务群"，即6个学习领域。

---

① 王荣生.语文课程："学习主题"辨析——语文课程标准文本中的关键词，课程·教材·教法 [J]. 2023 (3).

如果按字面意思讲，6个"学习任务群"的划分，尤其"实用性阅读与交流""文学阅读与创意表达""思辨性阅读与表达"这3个作为"发展型"的主要"学习任务群"三足鼎立，那么以"散文为主导文类"的局面势必被打破。毕竟散文仅是"文学阅读与创意表达"这一个"学习任务群"中的一个部分。然而实际的情况并非如此。第一，由于文选型语文教材的选文的准则是"文质兼美"，因而名为"实用性阅读与交流""思辨性阅读与表达"的"学习任务群"，其选文必须是"经典文本"——"这些文本在流传过程中，实用性色彩逐渐弱化，却因其意的深刻或言之高妙而慢慢经典化。"① 换言之，其选文绝大多数还是在本书中所界定的"宽泛的散文"，大致相同于1963年语文教学大纲所说的"散文"。例如《苏州园林》《傅雷家书（节选）》《与妻书》《在马克思墓前的讲话》等。第二，由于对"人文主题"的强调以及语文教材的传统，"文学阅读与创意表达"这个学习领域的选文，应该还是以触角灵敏、与社会风潮关系密切直接的散文为主体；而所选的小说，绝大多数应该还是现实主义的小说。第三，尽管中考作文、高考作文在命题等方面有改进，但评价"优秀作文"（"小文人"语篇）的标准仍一如既往。

这样，本书"上编"所论述的"散文为主导文类造成的阅读教学困境""'散文化'作文造成的写作教学困境"，在当今乃至今后很长一段时间里，将一直较为普遍地存在。因而，在本书"下编"所探索的"语文课程突破散文格局的努力"——"阻截：逼使散文的比例大幅下降""区隔：凸显不同文类与散文的差异""分流：有明确界说的亚文类予以专门对待"等，还将是语文课程建设所应该进一步努力的方向；本书中"阅读教学正面应对散文难题的努力"和"写作教学摆脱'散文化'泥

---

① 朱于国."实用性阅读与交流"任务群的内涵、课程价值与实施策略［J］.《语文建设》，2020（5）.

潭的努力"这两章论述的内容，在当今乃至今后很长一段时间里依然有较大参考价值，语文教育研究者和语文教师还须在此基础上继续努力再加努力。

四

这并不是说以"语文学习任务群"来组织语文课程内容，与以往相比无所改变。改变在发生，并将持续改变。在《"语文学习任务群"的含义——语文课程标准文本中的关键词》一文中，我写道：

> 世界基础教育教学改革的主要走向，是改革学校课程的课程目标指向，从封闭的"学校情境"转变为指向"与现实世界（real-world）相关"的"真实情境"。……"语文学习任务群"破土而出，以直击靶心的强冲力，使得"真实的世界"里"使用语文"的课程目标指向，一下子变得显豁、鲜亮而且有了一定的可操作性。按"学习任务群"所划分的语文学习领域、以"系列学习任务"来组织和呈现"课程内容"，为在"真实的世界"里"使用语文"的课程目标指向，提供了实现的机会和实施的场域。①

以"语文学习任务群"来组织课程和呈现课程内容，标示着语文课程取向的重大转移。在中小学学习的阅读、写作和口语沟通，指向"与现实世界（real-world）相关"的"真实情境"——指向正常的成年人在学习、工作和生活中，在通常情况下所进行的阅读类型、写作样式以及

---

① 王荣生. "语文学习任务群"的含义——语文课程标准文本中的关键词, 中国教育学刊 [J]. 2022 (11).

在真实场景中的口语沟通。这势必要突破以"散文为主导文类"。

可是，现在的"突破"似乎走迷了路。语文课程标准的文本中，其实有三个易被混淆的词语：

一是"语文学习任务群"，简称"学习任务群"或"任务群"。这是《普通高中语文课程标准（2017年版2020年修订）》和《义务教育语文课程标准（2022年版）》所独有的词语，指的是以"语文学习任务群"命名的语文课程的学习领域和被称为"系列学习任务"的课程内容。

二是"学习任务"。这是教育教学一个通用术语，如果加上具体的学科，那么可以说"语文学习任务""数学学习任务"等等，指的是确定教学目标、选择教学内容——关于"学习任务"的具体解释①。

三是"任务"，指"任务驱动"。它是属于教学论、教学方法的范畴的一个术语。"任务驱动"与"问题驱动"是同一个意思，指的是用一个"任务"或"问题"引发学生的学习内驱力（内在动力），驱动学生在完成"任务"或解决"问题"的过程中学习特定的课程内容。比如在教室里贴10个形式上都像诗一样的语篇，请同学们分辨哪些是诗歌哪些不是，这就是"任务驱动"；而分辨哪些是诗歌哪些不是，实际上是学生探究性地解答"什么是诗歌"这个问题，驱动学生在探究性地解答问题的过程中学习诗歌的要素。

迷路发生在这里：有"任务群理念"者把上述三个词语都曲解为"任务驱动"的含义，又把"任务驱动"庸俗化为"做任务""做活动"。（而《义务教育语文课程标准（2022年版）》似乎以这种曲解为依据，因而把"活动主题"误会为语文课程"学习主题"。）由于语文课程标准文本中的用词欠严谨，由于有些"任务群理念"者的误导，"语文学习任

---

① 参见本书《"语文学习任务"的含义》一文。

务群"似乎变成了"做任务""做活动"——学生拿着一篇课文或一些课文，去完成老师不知怎么想出来的"任务"。

五

前文曾说到，当今的语文课程和教材仍然是"散文为主导文类"，因而在语文教学中的"做任务"，很大程度上是让学生拿着一篇散文或一些散文，去完成老师在备课时灵光一闪猛想出来的"任务"。

下面这个《明情知理，重识"斗士"——〈为了忘却的记念〉"情境·任务·活动"教学课例》[①]，就较具代表性。为了分析的方便，我略去了投影课件和一些交代性的语言、任教老师一些话语，学生的话语则全部照录。

（一）提出"任务"

师联系单元目录引出课文《为了忘却的记念》，提出本堂课的学习要点：一是关于革命作品的"革命"，二是关于散文怎么读，尤其是鲁迅特有的"鲁迅风"散文。

师出示投影，展示所设计的"情景"——《新民晚报》曾刊登上海虹口区专门举办的"为了忘却的记念——鲁迅与左联五烈士"主题展的新闻报道，但当时没有做成"云看展"，现在上网查不到相关展览信息。这节课，我们试着以一个策展人的身份，设计这个主题展览。我们通过解读这篇文章，办好这个主题展，具体任务是：

---

① 选自《语文教学通讯》2022年28期，该教学课例的引用经作者同意。

第一，在这些空空的展柜里，根据这篇文章可以放哪些实物；第二，做第一块展板，要进行左联五烈士的事迹简介；第三，第二块展板，对《为了忘却的记念》的"金句"做细览；第四，写门票的主题宣传语。

(二) 展柜：实物

师布置"任务"：大家看一下课文，你觉得还有哪些实物可以展出？

依据课文，数位同学分别提到，柔石的诗集，裴多菲"生命诚宝贵"的诗，鲁迅写的《无题》这首诗（手稿），白莽大热天穿的棉袍，《奔流》《拓荒者》这两本杂志，《文艺新闻》上面报道烈士被杀害的文章，珂勒惠支木刻《牺牲》。

(三) 展板一：烈士简介

1. 总介：连连看

师布置"任务"：第一个展板，我们总体介绍五位烈士。一般展板的上方是人物像，下方是生卒年等。师投影五位烈士的肖像和课文中的8句话，要求学生"连连看"。例如"二十多岁的青年，面貌很端正，颜色是黑黑的。""在上海见过一次面。"学生一句句对应人物，并选出最典型的语句放在虚拟展板的人像下方。

2. 排序

师布置"任务"：根据鲁迅跟五人的亲疏程度排序。

师问：比较同单元中的《记念刘和珍君》与本课文，"两文在情感表达上有什么不同？"

生：这篇写起来似乎没有那么集中，拉拉杂杂、细细碎碎，很零杂的感觉。

生：相比刘和珍，鲁迅与五烈士尤其是柔石、白莽的关系更紧密，但《记念刘和珍君》反而抒情味更浓一点，用意更重；而《为了忘却的记念》看似很淡。

师问：为什么会有这样的不同呢？师联系本文末所记的时间"二月七—八日"，要学生在课文中"来画一画支持有关特意这么写的理由的句子，体会一下其中的深意"。

生：文章有两段都特意提到一九三一年的二月七日夜或八日晨，是五个青年作家同时遇害的时候。

师讲：用两年后写纪念文章的日子"二月七—八日"来回应他们牺牲的日期，寄托自己对他们的哀思。可以认为，这是有意为之，寄予深情。我们也可以由此认识，这篇文章的用意曲深到了如此细微之处。基于对这个写作时间的仔细推敲，再来回答刚才的问题——为何两文表达有这样的区别？

生：这篇文章，看上去很质朴、很平淡，但是蕴含了很深的情感。

师出示一段评论文章的投影："从个人交谊的角度入手，所以感人；叙事真实，描述如实，善抓细节，所以真切。"

师讲：我们可以这样来概括，以"极淡之笔"写"极致之情"，在文字考究的表达上潜藏深意，越是深情，越不能够喷薄而出。我们把这样的写法称为"由细见情"。

3. 分展名言

师布置"任务"：我们以柔石为例，下方陈列柔石的《二月》、书信手稿、日记和柔石的评传等。你们觉得根据课文内容，上方的格言展出哪句话最适宜？

生:"只要学起来!"

师讲:这句很典型,质朴却震撼人心,"只要学起来"有他的坚韧不屈、有他的硬气。

(四) 展板二:"金句"细览

1. 示例图①配文

师布置"任务":投影鲁迅的5幅画像,要求学生从课文中找出与画像动作和表情相符的语句,并用一句自己的话解说。师示例。

2. 为图②至图④配文

学生分小组讨论,每组指定一幅图像,在任务单里完成每张图所对应的文字以及解说关键词的填写。

生:图②配的句子是"我沉重的感到我失掉了很好的朋友,中国失掉了很好的青年"。语音解说关键词可以是忧愤的、悲痛不已的、愤恨反动派痛下杀手的鲁迅。

生:图③配的句子是"原来如此",解说关键词是一个疾恶如仇的、极端鄙视反动派的鲁迅。

师讲:刚才同学们在讨论的过程中,疑惑图④配文及解说关键词。大家先看一下,鲁迅站在这里似乎在演讲,很多年轻人在翘首聆听。我们知道他是左联的领袖,根据下面投影上的内容,应该填哪一句体现他对后生青年的引领?

生:我觉得应该是"选了一幅珂勒惠支的木刻,名曰《牺牲》……算是只有我一个人心里知道的柔石的记念"这句。

生:写跟白莽交往时,"因为他的原书留在我这里了,就将我所藏的两本集子送给他"。

师:他们牺牲之后,又撰写此文来纪念他们。那么,语音解说词要写什么？

生：一个关怀后辈的鲁迅。

生：一个春风化雨的鲁迅。

师："春风化雨"这个成语更多的是指老师对学生，用在这里恐怕不是太合适。

3. 为"原来如此"配图

师投影"老师拍的同学们自己画的两张图"。

师：看来对于"原来如此！……"这句大家有争议。刚才同学是配图③，而这两位同学则是用以配掩面很痛苦的鲁迅和怒目圆瞪的鲁迅。"原来如此"到底应该是怎样的一种情绪？是愤恨的，还是愤恨中有压抑？我们先来研读一下"原来如此！……"一句中的情感内蕴。

师讲：本文含蓄、深沉、节制。《记念刘和珍君》的情感表达是显豁的、炽烈的、直露的、恣肆的。"原来如此！……"中的省略号显然是典型的"言有尽而意无穷"，它紧接在"在龙华警备司令部被枪毙了，他的身上中了十弹"之后，这里情感没有喷薄出来，很节制。依照《记念刘和珍君》直接显露的表达方式，你们口头表达试一试。

生：原来如此！他们竟然下这样的毒手！

生：原来如此！他们这样对这些手无寸铁的青年！

师讲：这些话为什么不写出来？我们常说文字表达"情感的节制胜于放纵"，这里看上去很平静，但文字背后是奔涌、激荡的情感，是言语简洁而情感丰沛的典型，很有张力。我们把这种情感表达方式称为"似澹实澜"。

4. 为三个典故配图

师布置"任务":同学们都没有讲到三个典故所在的语句应该配哪张图,我们一起来研读这三个典故。

生:图②与图③都可以。

师:到底选哪张好,我们要先梳理一下这三个典故的深意。典故表面上看是讲柔石像方孝孺,讲自己不能像高僧坐化,讲自己懂得了向秀用笔的原因,但其实都有深层所指。这个背后指向的是什么?

生:朱棣的残暴统治和秦桧对岳飞的赶尽杀绝,第三个指向的是司马氏的黑暗统治。

师讲:但鲁迅都没有明说。显然,图②与图③比较,可能图③更合适,表情凝重、情感内敛,但心里是极其愤怒的。我们把这种写法称为"以曲写愤"。大家再看,还有更深的曲笔在"高僧坐化"这里,这个典故还有更深的用意,需要我们探讨。

师投影并讲解。"不过朝花社不久就倒闭了,我也不想说清其中的原因。印书的合同,是明明白白的,但我不愿意到那些不明不白的地方去辩解。手上上了铐,可见案情是重的。但怎样的案情,却谁也不明白。"大家先看一下,这里有一个共同的词语"不"——"不明不白""谁也不明白",其实对应着"高僧坐化"这个典故中没有写出来的文字。

生:秦桧以"莫须有"的罪名杀害了岳飞。

师投影《南腔北调集·题记》并延伸讲解:笔墨曲深至如此,可以说用笔越是隐晦,愤恨越是突出,但他压制着自己的愤恨。那么,用哪张图更合适呢?

生:这样理解后,感觉图③更合适。

师讲:我们需要重识"甘为孺子牛"。我们常说鲁迅以他的杂文作为投枪匕首,无情地揭露、深刻地批判,一生不懈地斗争是他的精神底色。但是他特别讲究战斗的方法和技巧,不是硬碰硬、不逞一时之意气,而是用高明的战斗策略显出进攻的威力和反击的智慧。这还可以从我们之前说过鲁迅一生用过140多个笔名那里找到佐证。

师布置"任务":大家觉得这样笔墨曲深的原因是什么呢?请大家结合下面投影上的话语,分列三条原因。

生:(原因一)是写在"两年"之后的纪念文。

师:写作时间是两年之后,是痛定思痛的文字,所以情感相对会克制些。

生:(原因二)第二句根据注释看应是反动统治的文化围剿和高压。

师:第二个原因是"无写处""禁锢得比罐头还严密"的社会环境。第三个原因是什么?回答这个问题我们就要回到图⑤的配图文字上来。

5. 为图⑤配文

生:图⑤是鲁迅大步流星地在走,可以配上文字"我于是就逃走",我的同桌说,鲁迅"跑路"了。

师问:"逃走"这个词在文章中是一个什么意思?认真读过课文的同学会发现课本有注释——"柔石被捕后,作者于1931年1月20日和家属避居黄陆路花园庄,2月28日回寓。"

生:干革命。

师:好,这个理解非常重要。如何"干革命",以怎样的方式"干革命",我们来作深入探究。(师布置"任务")请同学们根据老师下面投影上的三句话,理解鲁迅"避"与"逃"的实质,进而来概括其笔墨曲深的第三个原因。

鲁迅的"避"与"逃"：_____

①人类的血战前行的历史，正如煤的形成……但请愿是不在其中的，更何况是徒手。(《记念刘和珍君》)

②血的应用，正如金钱一般，吝啬固然是不行的，浪费也大大的失算。(《华盖集续编·空谈》)

③改革自然常不免于流血，但流血非即等于改革。……这并非吝惜生命，乃是不肯虚掷生命，因为战士的生命是宝贵的。在战士不多的地方，这生命就愈宝贵。(《华盖集续编·空谈》)

师：这三句表明的其实是鲁迅的革命态度，你们能用自己的话简要概括吗？

生：讲求有实效的革命斗争。

生：革命者不能随便白白地牺牲。

师：基于这样的理解，我们一起审视鲁迅"避"与"逃"的实质是什么。你准备在横线上填什么？

生：纪念。

生：写。

师：很好，鲁迅选择"逃走"是为了写，为了保存他的实力。那么图⑤的语音解说关键词可以写什么呢？

生：讲求革命方式的鲁迅。

师讲：所以，我们就可以概括其笔墨曲深的第三个原因是讲求战斗方式，不能在白色恐怖下直斥反动政府，所以用了曲笔。

师讲：我们概括起来可以看到，作为精英知识分子，鲁迅的"跑路"是以"写"的方式来干革命，以便好好地纪念这些殉难的烈士。从这个意义上讲，我们要重识"甘为孺子牛"，他的"甘为孺子牛"主要是用他的批判、他的启蒙、他的唤醒来对待人民大众、对待青年,有别于他人的"干革命"是鲁迅作为"思想战士"的独特性之所在。

6. 给图①至图⑤排序

师布置任务:现在的展馆会采用高科技将照片加以动态展示。我们这个展览,也想让照片动态展示,请问这5张图动态展示时顺序应该怎么安排呢?大家迅速想一想,并说明原因。

生:图④可以放第一,因为要体现鲁迅对青年的这种深沉的情感;接下来是图②,对烈士的被杀害愤恨不已;但是他不能直接这样表现,于是就表现为图③的压抑自我情感;接着是图⑤的"逃走";最后是图①,坚信革命必将胜利。

师:图④和图⑤的顺序也可以互换。这个排序未必有确切的答案,我们借此是为了了解文中鲁迅先生的情感流变。

(五)撰写门票主题宣传语

师布置"任务":最后,我们一起来设计免费门票的主题宣传语。请看下面投影的林觉民烈士的主题展门票,主标题是"林觉民:许国与许卿",下方有三行表现烈士精神的文字。参照这种样式,我们这个主题展的主标题也可以设计为"鲁迅与左联五烈士:_____与_____"的样式,这里的横线上可以填哪两个词语呢?

师:回答这个问题,同学们要思考,同样是为了革命而死,林觉民式的牺牲,是鲁迅所赞成的吗?鲁迅认可的干革命是什么样子的?

生:有意义的牺牲,所以填"牺牲与意义"。

生:革命与书写。

师讲:也可以是"苦难与新生",我们要探讨,苦难是不是真的就迎来了新生？鲁迅比一般人要更加清醒、理性。这就是鲁迅通过这篇文章揭示出来的自己对"干革命"的独到思考。

师布置"任务"：后面还有个小任务，就是门票上的三句话，请同学们结合我们刚刚所说的鲁迅对革命的态度课后去写。下课！

应该肯定，这是一个有很高教学水平的语文老师很用心地设计并执教的一堂课。乍一看，就像有人在微信群里所赞誉的那样："有新意"，"有深度"。

然而，"有深度"只体现在上述课例描述中的"师讲"，而且讲得未必对头；"有新意"则是个花架子，在我看来，差不多是"皇帝的新装"。

六

先看"有新意"。"有新意"指的是号称"通过设计大情境来带动多个小任务"的教学形式，也就是该任教老师在发表课例的摘要中所自娱的"让阅读教学从传统的'文本分析'模式向新课程的'完成任务'模式转变"。

但"新"未必好，还可能是"错"。本课例"以一个策展人的身份，设计主题展览"的"任务"，有许多需要澄清和研讨的问题。

其一，谁是"策展人身份"？谁在"设计主题展览"？本课例在导入时所言的"一个策展人的身份"，确乎只有"一个"，那就是备课时的这一个老师；而备课时的这一个老师，与其说是在"设计主题展览"，不如说是在设计"设计主题展览"一连串"小任务"的新奇教案。不难看出，在本课例中的大大小小的所有"任务"，一律都是由老师来"布置"

的，学生们则只负责按老师的指令填写（说出）老师扔给他们的一个个"任务"的"答案"——上述课例中学生的话语不多，且大多是"答案"式的片言只语。这与以往一些号称"自主、合作、探究"的课例大同小异，教案上写的是"老师带着学生去探究"，课堂里做的其实是"学生看着老师在探究"。在本课例中也有一处"探究"：为图⑤配文的环节里，一个学生从"逃走"的课文注释，很厉害地答出"干革命"。老师说："好，这个理解非常重要，如何'干革命'、以怎样的方式'干革命'，我们来做深入探究。"大家可以研读这一段教学实录，看看是不是老师"讲"学生"听"、老师"问"学生"答"？所谓"深入探究"，是不是"学生看着老师在探究"？

其二，备课时这个老师为什么非要设计"设计主题展览"的"任务"？按该任教老师在发表课例的摘要中的说法，是"让学生在完成一系列的语文任务的过程中读懂、读深、读透文本"。关于学生"读懂、读深、读透文本"，我们在下面再讨论——事实上，学生在这堂课里几乎没有做过"阅读课文"这件事，老师的大段讲述也很少提到《为了忘却的记念》文本中的语句。设计"设计主题展览"的"任务"，推测其有两个理由：一是灵光一闪。该老师积淀深厚，对上海虹口区与鲁迅、与左联五烈士的特殊联系也有较多了解；可能网上查询《为了忘却的记念》备课资料时，找到了2021年9月25日《新民晚报》官方账号发布的一则消息——中共虹口区委宣传部举办纪念鲁迅诞辰140周年、逝世85周年的主题活动，活动之一是"木刻讲习所旧址"陈列馆开放，老师受此启发而萌生创意。二是为了践行所谓的"新课程的'完成任务'模式"，意图是让学生积极参与"任务"，学生在课堂里有较多"活动"。

学生在课堂里有较多的"活动"，既是这堂课的优点，也是这堂课的问题所在。本课例"通过设计大情境来带动多个小任务"，我整理如下表。

表 1　教学实录中的任务统计

	与主题展览有关的"任务"	与主题展览无直接关系的"任务"	
找到课文中的相关语句	展柜：实物		指向课文理解的关键点
	展板一：烈士简介 1. 总介 2. 排序 3. 分展名言	● 比较同单元中的《记念刘和珍君》与本课文"两文在情感表达上有什么不同？" ● 为什么会有这样的不同呢？	
	展板二："金句"细览 1. 示例图①配文 2. 为图②至图④配文 5. 为图⑤配文 6. 给图①至图⑤排序	3. 为"原来如此"配图 4. 为三个典故配图 ● 结合投影上的话语，分列其笔墨曲深的三条原因。 ● 根据投影的三句话，概括其笔墨曲深的第三个原因。	
	撰写门票主题宣传语		

从教学实录中可以看到，学生积极参与"活动"的，是上表左栏里那些与主题展览有关的"任务"。左栏里的"任务"可分出两类：一类是在课文中可以找到明确答案的"任务"，包括"展柜：实物""展板一：烈士简介"和"展板二：'金句'细览"中的示例图①配文、为图②至图④配文。学生"完成任务"的"活动"，就是找到（扫读）课文中的相关语句（答案），也就是"读懂"课文语句的字面意思。这其实与以往"写了柔石哪些事""写了殷夫哪些事"在课文中角角落落里找一遍，并无实质差别，而且比角角落落里找一遍更加凌乱、也更耗课时。另一类是"答案"与课文关联不大的"任务"，包括为图⑤配文和给图①至图⑤排序。这两个"任务"都是关于鲁迅这个人的，与《为了忘却的记念》这篇课文的关联不太紧密。在课例中，为图⑤配文是通过"师

讲"完成的；给图①至图⑤排序是"大家迅速想一想"完成的，其所排的"序"与理解课文的结构和抒情线索，不是一回事。

上表右栏里的"任务"，与"主题展览"没有直接关系。也就是说，所完成的那些"任务"，不会出现在虚拟的"主题展览"上。右栏里的"任务"也可分为两类：一类是被强行纳入"大情境来带动多个小任务"系列的"任务"，包括为"原来如此"配图和为三个典故配图。独句构成一个段落的"原来如此"和三个典故，它们既是课文的关键点，也是学生理解的困难处。另一类是在"大情境来带动多个小任务"系列之外，另行提出的"任务"。例如：比较同单元中的《记念刘和珍君》与本课文"两文在情感表达上有什么不同？""结合投影上的话语，分列其笔墨曲深的三条原因。""根据投影的三句话，概括其笔墨曲深的第三个原因"。很显然，这几个"任务"或"问题"，是本篇课文的教学重点。从教学实录中可以看出，右栏里这些"任务"，主要是由"师讲"来"完成"的。换言之，学生很少或没有参与度较高的"活动"。

其三，"设计主题展览"的"任务"，有什么教学价值？我把上述讨论总结如下表。有什么教学价值、教学价值有多大，各位看官可自行判断。

表2　"任务"的教学价值总结

	与主题展览有关的"任务"	与主题展览无直接关系的"任务"	
做活动	找到课文中的相关语句（扫读）	课文的关键点和学生的疑难处	老师讲
	与课文关联不大（快速想一想）	课文的教学重点	

以上是对该课例"有新意"的评议。我们再来看它的"有深度"。"深度"指的是对《为了忘却的记念》这篇散文的理解，包括学生的理解和教师的理解这两个方面。

其一，学生的理解，很没有"深度"。完成与课文关联不大的"任务"，与课文的阅读理解无关；找到课文中相关语句的"完成任务"，其阅读方式和阅读方法是扫读，不涉及"深度"。在本课例中，学生对课文阅读理解的较长的话语，统共3句，都围绕比较同单元中的《记念刘和珍君》与本课文"两文在情感表达上有什么不同?"这个问题。

（1）这篇写起来似乎没有那么集中，拉拉杂杂，细细碎碎，很零杂的感觉。

（2）相比刘和珍，鲁迅与五烈士尤其是柔石、白莽的关系更紧密，但《记念刘和珍君》反而抒情味更浓一点，用意更重；而《为了忘却的记念》看似很淡。

（3）这篇文章，看上去很质朴，很平淡，但是蕴含了很深的情感。

前两句是"展板一：烈士简介"这一环节，表达了这两位发言的同学在教学初始阶段对课文的阅读理解——初读课文但未能理解的朦胧感觉。在这两位同学发言之后，老师联系本文末所记的时间"二月七—八日"简略讲述；第三句话是老师简略讲述之后的学生回应，依然是一种朦胧的感觉。

学生对课文的理解只处在朦胧感觉阶段，表明学生理解这篇课文遇到了"困难"，出现了"问题"，可能因忙于开展一个接着一个的系列"任务"。对这样的学情，老师似乎并不在意。老师草草地出示一段评论文章的投影（"从个人交谊的角度入手，所以感人；叙事真实，描述如实，善抓细节，所以真切。"），然后架空课文地讲了一段延伸性的"概括"。

其二，有些"有深度"的学生的话语，令人疑窦丛生。本课例中，有几处的学生话语，令人惊奇而疑惑。一处在为图⑤配文，一位学生从"逃走"的课文注释，很厉害地答出"干革命"。课文注释是："柔石被捕后，作者于1931年1月20日和家属避居黄陆路花园庄，2月28日回寓。"不知这位学生是怎么看出"干革命"的？另一处是对三个典故的理解，三个典故应该是这篇课文理解的难点，但在课例中老师只讲了这么一句话："典故表面上看是讲柔石像方孝孺，讲自己不能像高僧坐化，讲自己懂得了向秀用笔的原因，但其实都有深层所指，这个背后指向的是什么？"不知一位学生怎么在老师讲这句话之后就能够即刻说出"朱棣的残暴统治和秦桧对岳飞的赶尽杀绝，第三个指向的是司马氏的黑暗统治"这样精炼又到位的话语？

其三，教师的理解，是架空课文、脱离文本的"深度"。在本课例中，老师的"深度"，主要表现在上文曾提到的"如何'干革命'，以怎样的方式'干革命'，我们来作深入探究"这一大段。那么，老师是怎么探究的呢？先是投影鲁迅在其他文章里的三句话，牵引出学生对"鲁迅的革命态度"的概括："讲求有实效的革命斗争""革命者不能随便白白地牺牲"。接着将"逃走"与"写"连在一起，"鲁迅选择'逃走'是为了写，为了保存他的实力"。由此牵引出学生对图⑤（鲁迅逃走）的语音解说关键词"讲求革命方式的鲁迅"。然后，概括出鲁迅（这篇散文）笔墨曲深的第三个原因："是讲求战斗方式，不能在白色恐怖下直斥反动政府，所以用了曲笔。最后是一大段激情总结："作为精英知识分子，鲁迅的'跑路'是以'写'的方式来干革命，以好好地纪念这些殉难的烈士。从这个意义上讲，我们要重识'甘为孺子牛'，他的'甘为孺子牛'主要是用他的批判、他的启蒙、他的唤醒来对待人民大众、对待青年，有别于他人的'干革命'，这是鲁迅作为'思想战士'的独特性之所在。"

确实，将鲁迅的"逃走"解释为"为了写"（有学生回答"纪念"，意思是为了写这篇回忆散文），并把"写"与"干革命"联系起来，进而以"讲求战斗方式"来解释鲁迅（这篇散文）笔墨曲深的原因，这样的认识很有深度、有独特见地，拓展了本单元"革命"人文主题的内涵。但是，这一步步地推导，都没有跟《为了忘却的记念》这篇课文具体语句相联系。前面曾说到，这一段"深入探究"，大致是"学生看着老师在探究"。老师的"讲"，跟课文具体语句的阅读理解不发生关系，因此很难推断"看着老师在探究"的学生们加深、丰厚了对《为了忘却的记念》的理解和感受。

其四，所谓"大情境来带动多个小任务"，不可能带来"有深度"。我再次强调："深度"指的是对《为了忘却的记念》这篇散文的理解，包括学生的理解和教师的理解这两个方面。先说学生，如上文陈述，学生在本节课对课文的阅读理解，是三种情况：一是全体学生找到课文中的相关语句（扫读），二是大部分学生对课文的关键点停留在初始阶段的朦胧感觉，三是个别学生不知怎么读的竟然说出了"有深度"话语。再看老师，这位老师有很高的教学水平，本课例的几个教学点都抓准了，抓到文末所记的时间"二月七—八日"，抓到了"原来如此"，将三个典故与笔墨曲深相联系，等等；我待会儿会讲到，鲁迅的"干革命"也是可以从文本中解读出来的。但是，抓到了的教学点（文本关键点和学生疑难处的重合），却没有"抓住"，因而没有能够以这些教学点来帮助学生加深课文理解、提高阅读能力。

以"二月七—八日"为例，"二月七—八日"可以说是这篇散文最为重要的关键点，它是这篇散文的抒情线索，是作者在文本中提供的解开这篇散文的钥匙。第一部分的第一段是解题，"为了忘却"而写这篇"记念"文章；第二段起写"记念"，第一句"两年前的此时，即一九三一年的二月七日夜或八日晨,是我们的五个青年作家同时遇害的时候";前四个部分的写人叙事(主要写白莽和柔石),都以"两年前的此时"为时间节点,大致依时序的先后由远及近,并按事件的关联,交替记述白莽或柔石的言行举止;第四部分由写人记事转向抒情议论的关键语句"原来如此!……",其"如此"的"此"就是两年前的此时此事;第五部分从"前年的今日"说到"去年的今日"再到"今年的今日",回应本文的开头段,于"二月七—八日"所写的这篇"记念"文,是"为了忘却"。

我相信,凭我跟本课例执教老师的熟识,该老师在备课时一定会关注到"二月七—八日"这条抒情线索。所以,当学生说这篇课文有"很零杂的感觉(指写人叙事)""看似很淡(指抒发情感)"时,老师就及时提出了"二月七—八日"这个教学点。但是,却没有能够抓住,这个环节处理得相当潦草:要学生在课文中"来画一画支持有关(文末)特意这么写的理由的句子,体会一下其中的深意";也就是说,找到"二月七—八日"的相关语句。于是学生自然就用"扫读"的读法,在文中跳跃着快速地把相关语句找出来;而在文中跳跃着快速地找,是不可能梳理出这篇散文的这个抒情线索的。因而,画过相关语句的同学们对课文的理解和感受,依然是"很零杂的感觉""看似很淡"的初始状态。

为什么老师没有能够抓住这个教学点呢?原因可能有两个:一是文本分析所下的功夫不够,因为备课的主要精力(兴奋点)在"设计大情境来带动多个小任务"的系列"活动"。文本分析的功夫不够,所以可能真没有梳理出这篇散文的这个抒情线索。二是不愿意,因为老师被人误导,以为"让阅读教学从传统的'文本分析'模式向新课程的'完成任务'模式转变"是"新课程理念"。

这就陷入了陷阱:如果要引导学生"自主、合作、探究"地梳理出这篇散文的这个抒情线索，就没有必要去设计"设计主题展览"这样的所谓"大情境来带动多个小任务"系列"活动"；反之，如果要设计所谓"大情境来带动多个小任务"系列"活动"，比如本课例"设计主题展览"，那就无须做细致的文本分析，甚至要革"文本分析"的命。

而所谓"大情境来带动多个小任务"系列"活动"，至少在这个课例中（我以为这个课例是该类型课例中的上乘之作），就像我们在上文的课例分析的总结表所显示的，是不可能达到学生对课文"有深度"地理解和感受的。

七

语文教学研究中有一种恶劣风气，那就是"污名化"：倡导一种"新教学"的时候，把以往的教学污名为"旧模式"，所用的方法是将"新教学"的上乘之作与"旧模式"的低劣产品做不对等的比较，从而证明"新的"多么好、"旧的"何等坏。疾风劲吹，由"旧的"向"新的"转变，犹如律令，凡不趋之若鹜者，有风险、需顾虑。

我国语文教学的主要问题是课程与教学内容的问题，而不仅仅是教学方法的问题。语文课程与教学内容的问题，也就是"教什么""学什么"；就课文教学而言，也就是课文的教学点的问题。确定教学点，前提是能够抓住文本的关键点。而不能够抓到、抓住教学点，我以为这是中小学语文教师在备课中的主要问题，因而也是中小学语文教师专业发展的主要着力点。然而，"污名化"的恶劣风气，愈演愈烈。原来就难以把握课文教学点的教师们，现在更不进行"文本分析"了，因为现在要求"新教学"；本来能够抓到、抓住文本关键点的老师，现在不愿意作"文本分析"了，因为是"旧模式"。

仍以《为了忘却的记念》为例。这篇散文有两个很重要的教学点。一个是"为了忘却",课文第一段、课文最后一部分重点在这里,课文中间始终贯穿这条线,不断地出现与此相关的语句。一个是"记念"。"记念"在本课文中共出现5处,除了标题1处,课文中还有4处:①开头"我早已想写一点文字,来记念几个青年的作家";②只得选了一幅珂勒惠支夫人的木刻,"算是只有我一个人心里知道的柔石的记念";③"他的心情并未改变,想学德文,更加努力;也仍在记念我,像在马路上行走时候一般";④"不是年青的为年老的写记念……"。课文中①②④句中的"记念"含义相同,指"用事物或行动对人和事的怀念",一般写成"纪念"。第③处中的"记念",含义明显不同,是"惦记""记挂""时时想到"等意思——"像在马路上行走时候一般",所指的是"但他和我一同走路的时候,可就走得近了,简直是扶住我,因为怕我被汽车或电车撞死"。因此,标题"为了忘却的记念"之"记念",兼有上述两个含义:一是"纪念"含义,指向课文中的人和事;二是"惦记""记挂""时时想到"等含义,指向写这篇纪念文的作者自己的思绪情感。学生朦胧感觉到的"这篇文章(其实是课文的前三个部分以及第四部分中写人记事的内容)看上去很质朴、很平淡,但是蕴含了很深的情感",就跟"记念"——"惦记""记挂""时时想到"等含义有很大的关系。

如果我的感觉是对的,那么标题中"为了忘记"和"时时想到"就构成一种张力。如果应用孙绍振老师的文本解读"矛盾分析法",那么这篇课文的教学重点,就是在课文阅读中去理解感受"为了忘记"和"时时想到"矛盾的双方,并在阅读理解中去感受文本中所表达的综合、超越矛盾双方的作者的情感。

这就回到了本书第六章《阅读教学正面应对散文难题的努力》所讲述的"散文阅读教学的要领"。对文中写人记事的内容,不仅仅是知道写了这些人、这些事，而且要关注写这些人、这些事的那个鲁迅，从写人记事的文字的背后，去体会文中透露出的作者对这些人、这些事的思绪和情感。

而现在这个"情境·任务·活动"教学课例，对上述两个教学点都没有提及。这是为了避嫌"旧模式"因而不愿意呢？还是文本解读所下的功夫不够，因而找不到这两个教学点呢？

我的判断是："设计主题展览"这种所谓"通过大情境来带动多个小任务"的教学，压根儿就容不下这两个教学点。换句话说，教师为了设计"设计主题展览"的系列"任务"，只得舍弃对《为了忘却的记念》这篇散文乃至所有散文最为重要的教学点——对标题的理解、对散文抒情基调的感受。

大家想一想，这是不是舍本逐末了呀？该发表课例在摘要中说"让学生在完成一系列的语文任务的过程中读懂、读深、读透文本"，大家看一看，这像不像缘木求鱼了呀？

我并不反对"任务驱动"。在这堂课里，"给人物排序"就很好，如果排序之后教师能让学生回到课文阅读理解的话——学生把按亲疏关系的排序与课文写人叙事的次序安排作比较，在比照中理解和感受这篇散文"全文严谨有序、笔法洒脱，记叙、议论、抒情相结合，含蓄而不晦涩，委婉而富有情致"。

教师设计"任务"或"活动"，本来的最主要目的，是为了使学生能够加深丰厚阅读理解、提高阅读能力。也就是说，帮助学生解决教学点的问题，指导学生在加深丰厚阅读理解的过程中，学习阅读方法和策略。因此，不管是什么样的"任务"或"活动"，凡是能达到这个最主要目的，凡是在"活动"过程中或者"完成任务"之后教师能让学生回到课文阅读理解的，我都赞成、支持。如果单独做一个"活动"，本课例的"展柜：实物"或许也是好的，如果在展柜之后教师能让学生回到课文阅读理解的话——学生把展柜的实物与课文写人叙事联系起来，学生带着"实物"的实感，去理解感受课文"看上去很质朴，很平淡，但是蕴含了很深的情感"。

我反对的是所谓"通过大情境来带动多个小任务"的一连串"活动"。现在这样"展柜：实物"接着"连连看"接着"给人物排序"等，我就坚决反对。理由如下：

第一，这几个"任务"都是一种学生参与度较高而阅读质量很低（扫读——对字面意思的"知道"）的"活动"，没有必要接连去做。

第二，教师设计一系列貌似学生参与度较高的"任务"，在备课时往往为了"几个小任务"的连贯，不得不"砍掉"一些"任务"容纳不了、却对课文理解至关重要的教学点。比如本课例，老师砍掉了这篇散文的两个教学点——"为了忘却"和"记念"。

第三，更糟糕的事情在这节课也展现着，那就是彻底地本末倒置。在这节课上，学生一直忙着一个个"活动"（扫读课文，快速找到答案），但是整节课自始至终，学生都没有连贯地读过课文，无论是"活动"之前、之中和之后，学生都没有朗读或细致地默读，哪怕是课文中的一个部分、一个段落。一堂学生不做"阅读理解"这件事情的阅读教学课，是阅读教学课吗？

老师也是不用管课文的，就如上文所说的对鲁迅"干革命"作"深入探究"的那一场，教师的"讲"，脱离文本、架空课文。我猜想，老师在"讲"这一大段话语时，眼睛就没有瞄到课文过。一堂老师无须触及课文语句却能侃侃而谈的课，是阅读教学课吗？

建议大家再扫读一次这个课例中老师讲话较长的段落（师讲），然后"快速地想一想"，在老师讲这些话语的时候，学生们在干什么呢？我猜想，在老师"讲"这些话语的时候，很少有学生去看（阅读理解）与这些话语可能有些关联的段落语句。

一堂课，学生不做"阅读理解"这件事情，老师无须触及课文语句却能侃侃而谈，这样的阅读教学、这样的语文教学，彻底地本末倒置了。

阅读教学的原则之一，是要相信"凡是作者要表达的，作者在文中一定表达了"，尤其是名家名篇。我认为本课例中老师发现的"干革命"的鲁迅，是一大亮点，因为鲁迅"干革命"是可以从文中读出来的。

这篇课文有一个"漏洞"：如果按"朋友"的通常词义，从私人关系上说，左联五烈士中只有柔石可称为"朋友"；白莽，即殷夫，是"较熟的"；从个人的角度而言，鲁迅对冯铿好像没有好感，"她的体质是弱的，也并不美丽"；"胡也频在上海也只见过一次面，谈了几句天"，"李伟森我没有会见过"。但是，鲁迅在文中两次感叹："我沉重的感到我失掉了很好的朋友，中国失掉了很好的青年""我又沉重的感到我失掉了很好的朋友，中国失掉了很好的青年"。"我的朋友"和"中国的青年"在这里是互文复指，都包括左联五烈士，这怎么理解？

如果我们从这个貌似的"漏洞"出发，引导学生去理解这篇文中的鲁迅——鲁迅的纪念之心、愤懑之情，那么学生就能够从文中看出：鲁迅的思想情感不是私人的站位，而是国家、民族的高度。从文中看，柔石从未向鲁迅透露自己"革命者"的身份，但白莽当面说过自己是"革命者"的。公开宣称自己跟"革命者"白莽等五位左联青年是"很好的朋友""中国很好的青年"，在文中表现的"革命家"鲁迅、在文中表现的"思想的战士"鲁迅形象，我想，学生们是可以有所感悟的。

要是我的上述分析有道理的话，那么在本课例中老师把鲁迅"干革命"跟这篇散文的笔墨曲深牵连在一起，就有点生拉硬扯了。

八

　　如果从 2003 年发表《语文科课程论基础》起算，我研究语文课程与教学至今整 20 年。在 20 年间，我研习过数十位中小学语文名师的课例，于漪、钱梦龙、于永正、欧阳黛娜、宁鸿彬、黄玉峰、曹勇军、黄厚江、郑桂华、支玉恒、王崧舟、薛法根、周益民等等；我现场观摩的课堂教学、公开展示课，成百上千。

　　通过研习和观摩，我得出结论：从文类、文体的视角把握文本的关键点，凭借所把握的文本关键点推测学生阅读理解这一篇、这一类课文的疑难处，从而确定课文的教学点，即教学目标和教学内容，这是阅读教学的不二法门。凡是优秀的课例，都能够从文类、文体的视角把握文本的关键点；凡是不那么好或者很不好的课例，都是因为缺乏或歪曲文类、文体的视角，违背了把散文当散文读、把诗歌当诗歌读、把小说当小说读这样的常理——上述《明情知理，重识"斗士"——〈为了忘却的记念〉"情境·任务·活动"教学课例》又增添了一个新例证。

　　从文类、文体视角的研究，对阅读和写作教学至关重要。这一立场和观点，如今又得到学习科学的强有力支撑。

　　教育科学出版社于 2021 年 5 月出版了译著《剑桥学习科学手册》（第 2 版），该著描绘了自 2006 年第 1 版发行以来学习科学领域的新进展，在全书 36 章中有 23 章是新增内容，其中新增的第 30 章《学会读与写》介绍了阅读和写作方面的研究进展。该著论述了三种类型的读写知识：

　　1."读写学习的一般性知识"，涉及小学三、四年级需达到的流畅阅读，为理解而阅读的基本方法和策略，关于构思、转写、修改的写作知识和技能等。

2. "阅读和写作中的任务特殊性知识"，即按文类文体的阅读和写作知识、技能、方法、策略等。"不同体裁或任务所需的写作知识和阅读知识具有差异性"，目前研究和学校教育的趋势，是进一步强化并细分文体："任务特殊性知识取向则进一步认为，不同类型的诗歌——十四行诗、自由体诗歌、五行打油诗或任何其他诗歌类型——也需要各自独特的知识。"

3. "阅读和写作的共同体特殊知识"，即共同体成员在阅读和写作中使用的更特定的知识。特定的群体构成"共同体成员"，"共同体成员"有阅读和写作的"特殊惯例"，例如论述类中的法律短文有其独特的写作技巧。

在分别介绍上述三种类型知识的新近研究之后，该著在"结论"中指出："这三类知识遵循着课程发展的路径。"一般说，"读写学习的一般性知识"主要在小学阶段学习，"阅读和写作中的任务特殊性知识"主要在初中和高中时进行，"阅读和写作的共同体特殊知识"则在"更多地把精力放在不同专业和学科领域之时"进行学习。

如果上述所介绍的学习科学新进展及其结论是可靠的，那么研究小学三年级之后的、初中的、高中的语文课程内容，针对"阅读和写作中的任务特殊性知识"的文类、文体视角，无疑就是十分必要的。

那么，我这部从文类、文体视角来研究语文课程内容的著作，这部本该在数年前出版的研究著作，对当今乃至今后还有意义和价值吗？我相信读者会做出实事求是的评判。

2023 年 6 月 22 日端午节

写作知识与学习写作[①]

——《思辨性写作三十课》序

《思辨性写作三十课》是郑可菜老师集多年教学经验撰写的一部写作教学指导书，内容主要是高考作文的写作方法和技能，所面向的读者主要是高中学生、中学语文教师。

郑可菜老师曾作为高级访问学者来上海师范大学进修，与我有一段师生之缘。书稿交付出版之际，早已是特级教师、正高级教师的她发来邮件，希望我为她的新书写一个序。我理解她的意思，愿意站台鼓掌。但看到了书稿，我却犯起了难，高考作文我素无研究，这个序无从落笔。而所应允的事是要履行的；思量下来，我想从如何阅读和使用这本书的角度谈一些认识，以供高中学生、中学语文教师在阅读和使用这本书时参考。

一、按三类写作知识，梳理书中内容

《思辨性写作三十课》共有五章，分别是议论文写作的"思辨"、

[①] 本文原载《语文建设》2023年09上半月，有修改。

Get 最基本论证方法、篇章结构的锻造、不同类型写作的突破、下水文示范，每一章有 6 课左右，具体论述写作的方法、策略和技巧。这么来安排本书的结构和课的次序，自然有这么安排的道理——使书的结构清晰、课的先后有条理。但这个结构是"写书"的结构，我想，可菜老师教她学生的时候，恐怕不是这么一课接着一课地依序进行的。这是一本方法类的书，我们读这本书，当然要知道这本书说了什么；但"知道"不是目的，目的是学到书中对我们有用的方法，我们读者"用书"的结构顺序，不一定要按作者"写书"的结构顺序。

我建议同学和老师按以下三类写作知识来梳理书中内容。学习科学研究证明，读写知识有三种类型：一是读写学习的一般性知识，二是阅读和写作中的任务特殊性知识，三是阅读和写作的共同体特殊知识。我这里只讲写作，联系《思辨性写作三十课》这本书做一点简要的讲解。

第一类是写作学习的一般性知识。一般性知识是最基本的写作知识，主要包括两个方面：

一是写字、用词、造句、组段、篇章结构的基础知识和基本技能，这是学习写作的最主要方面。专门研究高考作文的前辈学者章熊，在分析大量高考作文的基础上，认为学生作文的语言表达，最主要的指标是规范、连贯、得体。换句话说，学生作文的最大问题是用词造句不规范、段落的语句不连贯、不符合文体和语体的基本要求；一般情况下，高考作文的失分主要失在这里。北京高考评卷组组长、北京大学漆永祥教授谈到对高考作文的要求时说，他最大的期望是"同学们把话说通，说人话"。可菜老师在这一本书中有一些涉及这方面的内容，比如第 17 课"核心概念：从'下定义'到'下定意'"，第 18 课"论述语言：从'说人话'到'说好话'"。建议同学和老师在学习和教学过程中时时抓住规范、连贯、得体这三个要点，不仅在语文考试，更在平时作文，不仅在语文课，也包括各门学科的书面作业，自觉、严格地努力做到规范、连贯、得体。

二是对写作的认识和理解，包括读者意识、写作的基本过程等。写作活动包括三个交互进行的写作过程：萌生一个想法（写什么），把自己的想法用文字、语句、语段表达出来，重读自己的作文并进行反复修改。其中重读和修改非常重要，关于这一点我在第二个建议后再细说。具有读者意识，第6课"心中有个'Ta'"、第22课"交际语境类：拉满'现场感'"等都提到了。写作学习的这些一般性知识，不是一朝一夕可以学会的，需要长期练习、持之以恒，乃至形成写作的习惯。

第二类是写作中的任务特殊性知识，即文类、文体的写作知识。本书的第二章"Get最基本论证方法"、第四章"不同类型写作的突破"，讲的都是思辨性写作这一类、这一种的写作知识，包括写作方法、策略和技巧。第三章取题、开头、引导材料、论述语言、有针对性等课，多数也是这一类写作知识。所以书名是《思辨性写作三十课》，尽管书中的材料多取自高考，论述的角度也是着眼于考场作文。

第三类是写作的共同体特殊知识。特定的群体构成"共同体成员"，"共同体成员"有阅读和写作的"特殊惯例"。同学们参加中考、高考，被称为"考生"，考生们构成了特殊的共同体，语文考试的考场作文有其特殊的写作知识。考试作文有几个特点或局限：

一是要审题，试卷给出一个考生之前可能毫无想法的题，要求考生必须完成并且写出好作文来。这是一件很奇怪的事情。正常的情况，是你有了一些想法（知道自己要写什么）才有写作这件事情，你在写作过程中不断清晰（包括修改）自己的想法并努力表达出来。即使是别人给你一个写作任务，也是给任务的人知道你会有想法的，比如可菜老师给我的这个写作任务，如果她认为我对写作一无所知、对写作教学并无想法，她就不会要我为她的书写个序。而考试作文很特殊，不管是什么情况，考生都必须现场想出些想法来。而不同的命题方式，比如材料作文，还有材料作文审题的更特殊的方法和技巧。

二是写作的时间非常短，必须在规定的时限内完篇交卷。在正常的情况下，梦笔生花、一气呵成这种事是很罕见的，写作通常要断断续续费好多的时间。比如我这个序，从酝酿想法到现在落笔，已超过了三个星期。这如果是考场作文，不知要"社死"几遭呢。据说名作家余秋雨有一次凑热闹写高考同题作文，结果60分钟竟然没有写完篇（四类文?）。这并不是说，在考场按时完篇并获得高分的同学比余秋雨写作水平高，而是说，余秋雨缺乏（或遗忘了）考场作文的特殊知识，因此作高考作文不合格。也因为时限的要求，考场作文基本上没有修改这个写作过程。修改不同于校订。改正错别字、修改病句、检查标点等，是校订，改正的是一些低级错误。改正低级错误当然必需，但它不是作为写作过程的"修改"。

三是特殊的阅读者，也就是评卷老师。可菜老师在书中有多处说到，我用两个刺耳一点的词来说，一个词是"秒杀"。批卷老师数秒钟就判定一篇作文的档次，这就意味着高考作文必须做到眼睛一瞥就能被看到"亮点"。另一个词是"被鄙视"，在成百上千份同题试卷中，你的作文必须有唤醒批卷老师已近乎麻木的眼睛的力量，这就要求高考作文要有一些新颖的"招数"。高考作文（包括中考等语文考试作文）有很特殊的语体特点，或可称为"高考体"。

上述三种类型的写作知识是糅合在一团的，我用图形表示如下，大家也可以想象把这个图形压扁来看。

写作学习的一般性知识，是写所有文章都必需的知识；任务特殊性知识，是写一类文章（如思辨性写作）所必需的知识。这两类知识都是

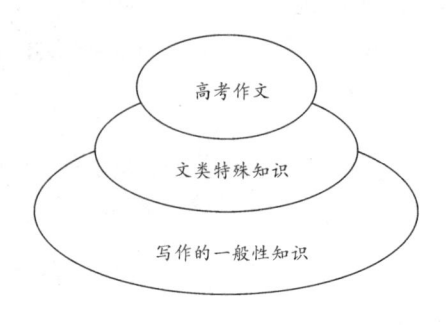

```
        ┌─────────────┐
        │  高考作文    │
     ┌──┴─────────────┴──┐
     │   文类特殊知识      │
  ┌──┴───────────────────┴──┐
  │     写作的一般性知识       │
  └─────────────────────────┘
```

图1

学生"可以带着走"的知识，高考之后的大学、大学之后的工作乃至退休之后，只要你写作，就要用到一般性知识；只要你写议论性的文章，就要用到思辨性写作的任务特殊性知识。

而共同体特殊知识，在这里说的是中考、高考等语文考场作文的特殊性知识。当你是"考生"时，你就得遵循考场作文的"特殊惯例"，而一旦高考之后摆脱了"考生"身份，这些考场作文的特殊知识就弃之如敝屣。"弃之如敝屣"，意思是进入了新的共同体，必需换穿一双"新鞋"走路，比如在大学学习学术写作，在今后的工作中学习人生日用或工作所需的各种样式的写作。

"高考体"作文向来被诟病，朱自清曾斥之"猥琐、叫嚣"，语言学大师吕叔湘曾明确表态"很不能欣赏"。我对高考作文素无研究，对"高考体"也不以为然，对受浸染的考生考上大学之后"敝屣"与"新鞋"的冲突还深感忧虑和无奈。但我认为在高考作文仍是"高考体"的时候，高考作文的特殊性知识还是很必要的，对考生、对有责任和义务指导（教会）一届又一届"考生"的语文老师。

高考作文的特殊性知识对语文老师至关重要；但据我所知，真正对高考作文有深入研究，并能身体力行实战下水文的老师，并不多见。郑可莱老师的这本书，在高考作文的视域中，将思辨性写作的文类、文体知识与高考作文的特殊性知识融贯起来，金针度人，相信对老师和学生都会有切实的帮助。

我建议使用这本书的老师和学生，用上述三类知识的图形梳理这本书中的写作知识，包括每一课，也包括每一课中的若干知识点；从高一到高三坚持不懈地学习运用第一类知识，在高一和高二的时候着力于第二类知识，在每学期临考前夕和高三冲刺时，专门训练运用第三类知识。

二、依"方法类读物"的阅读要领，学习和迁移运用

我的上述建议，意味着《思辨性写作三十课》不是一本读一遍或两三遍的书，在高中三年里，可能要经常地、不时地翻阅这本书。这正是读"方法类读物"的特点。

方法类读物，是为解决生活、学习、工作的实际问题提供具体方法、策略或者方法论指导的图书和文章。《思辨性写作三十课》属于"方法类读物"，其阅读方式是致用性阅读。致用性阅读是读者主导的，读者根据自己的阅读目的，选择性地阅读并利用读物中的某些内容。致用性阅读为了解决实际问题，读者的目的是要解决自己的实际问题。

然而，正如艾德勒所说："任何一本书都不能解决该书所关心的实际问题。"因为解决实际问题的是读者"你"而不是作者"他"。阅读《思辨性写作三十课》，"你"要解决的问题是两个：一是要根据"你"的作文情况，有选择地阅读有助于"你"解决自己的论辩性写作实际问题的方法和策略；二是要学以致用，"你"要把自己学习的方法和策略迁移应用到以后的作文中。

"方法类读物"致用性阅读，要经历以下三个阶段，每个阶段都有其

阅读的要领。

第一阶段"阅读",了解书中所讲的方法和策略。

"致用性阅读"与其说是"阅读",毋宁说是"学习";阅读是学习的开始,而不是结束。第一阶段的阅读流程如下:

1. 预览,了解这本书的章节安排及其主要内容。

2. 挑选与自己要解决的实际问题直接相关的某些或某个章节,略读。借助书中讲述和举例,了解具体的方法和策略;标记自己有感触的地方,并记录自己的感想。

3. 选择自己最需要的、想重点学习的一个或几个方法或策略,进入第二阶段的"节选片段的致用性阅读"。

第二阶段"学习",情境性地理解所学的方法和策略。

"致用性阅读"真正的阅读对象,是书中某章节的一个节选片段。例如有同学针对自己作文的突出问题,选择第17课"核心概念:从'下定义'到'下定意'"作为自己的学习重点。通过上面第一阶段的阅读,同学已了解该课所讲的主要内容,该课所讲的方法有三个:"下定意",引入相似概念或相对概念,拆字、拆词释义。

书中对这三个方法的讲解,就是三个节选片段,要学会这三个方法,就要分别来学习。现在该同学想学会"下定意"这个方法,相关的节选片段如下:

> "下定意"不同于"下定义","意"从"心",即从"我认为""我理解"来澄明概念,自己赋予概念新的解释。具体的表达可以有如下句式:
>
> 我认为,A 是(本质属性或特征)的 B(类属)/A 的实质是……

我认为，A应该具有B特点。

在我的心目中，A应该是B的样子。

我理解，A应该具有B等作用。

当然，在具体的语句表达中，可以不写出类似"我认为"等语句，而直接展开论述。因为隐去"我的理解"，我的观点仍是显性的。如果一定要出现"我认为"等，有时候反而会显得狭隘和思考不够全面。

要真正理解上述这个片段，并不容易；同学们必须在这个节选片段中加入文本之外的东西，才能使方法和策略的学习得以情境化。

1. 加入自己的理解。联系章节的前后文，结合所举的例子，用自己的语言重述节选片段中的方法和策略。这个例子，就是同学们用自己的一段话，来讲述自己对"下定意"方法的理解。

2. 加入自己的反思。联系自己以往的一篇或几篇作文，描述该作文在"核心概念"界定所存在的问题，尝试使用"下定义"的方法对该作文进行修改，比较修改前后的变化，记录这一思考过程的学习心得。

3. 加入把所学的方法和策略用于具体情境的想象。可以利用这一课的"读写实践"或书中其他章节的一些题目，也可以另找一些高考题，或者自己设想一些话题，口头说说或者练一下笔：如果是这个题，我将用"下定意"的方法如此这般来写——最好把它写出来。

4. 加入交流分享。如果与同伴一起学习节选片段，可以与同学交流各自对以往问题的反思和今后改进的设想，相互评议。

第三阶段"致用"，在迁移应用中深化理解。

致用性阅读的目的是学以致用，要把自己已学到的方法和策略迁移应用到以后的作文中。而应用，则会碰到各种各样的情况：有时用"下定意"的方法较为合适,但需要在语言组织上有所变化;有时可能不适合用这个方法,因而需要学习一些别的方法,比如这一课中所讲的"概念比较辨析:引入相似概念或相对概念"。

建议阅读和使用这本书的学生和老师,遵循"方法类读物"的阅读要领,完整地经历上述三个阶段。试图阅读一遍或几遍就学会书中讲述的方法或策略,这是不切实际的。

以上是我的两个建议。第一个建议"按三类写作知识,梳理书中内容",主要是对指导学生的老师说的,学生也可参考。学习写作要固本(写作学习的一般性知识)、强体(思辨类写作的任务特殊性知识),然后再辅之以学习高考作文的特殊知识。第二个建议"依'方法类读物'的阅读要领,学习和迁移运用",主要是对学生说的,对老师可能也有参考价值。语文课程有"整本书阅读"学习领域,但"整本书阅读"所读的书,目前尚无"方法类读物";而"方法类读物"的致用性阅读,是学生今后在学习、工作和生活中很重要的一种阅读类型,如果在阅读和使用可菜老师这本书的同时,学生对"方法类读物"的阅读方式和方法也有一些学习经验,那就是双重的收获了。

最后,我还想对"修改"再说几句。修改,指的是学生对自己的作文所做的修改,包括内容、结构、语句、字词等不同层面的修改。研究写作的学者们一个基本共识是:"修改不仅是写作过程中的一个重要的步骤,而且更准确地说,它贯穿于写作的整个过程。""可以说,写作就是重写或修改(Writing is rewriting)。"修改是学习写作不可或缺的重要环节,学生通过对自己的作文反复修改以及对修改的反思,逐渐形成、积累写作学习经验,学会如何写作。虽然高考作文基本上没有修改这个写作过程,但是在学写高考作文的过程中,比如在阅读和使用《思辨性写作三十课》这本书的时候，无论是老师指导学生学习，还是学生自主学习，都必须加入学生对自己的作文进行修改这一环节。

  以上建议，权作为序。不知可菜老师对我上述自作主张的"导读"，以为然否？

  另，特别说明：本文从动笔到写这个最后一段，花了 3 个白天、2 个晚上，实际书写时间（断断续续打字写作、修改、校订）每天白天约 4 小时、晚上超过 7 小时，合计 26 小时。希望学生们能借此特别说明，对写文章的人在真实情境中的写作状态有所了解。

2023 年 6 月 24 日

"真实语境的写作"再出发

——《写作课程转型论》序

荣维东教授《写作课程转型论》是在其博士学位论文《写作课程范式研究》基础上修改而成的一部学术著作。该著作的主要内容早在2010年就已完成，由于种种原因，拖至今日才得以出版。出版值得祝贺，也令人有些许遗憾。值得祝贺的是，一部十多年前写就的著作，至今仍处在写作课程与教学研究的学术前沿，并将持续焕发其学术生命力；些许遗憾的是，这部著作的出版时间迟到得过久，而如今语文教育研究的学术环境似乎已今非昔比，理性的声音被各种喧嚣裹挟，很难被听到了。

一

阅读和写作是语文课程的主要领域。写作课程与教学研究在2010年左右已取得了一系列突破性的进展，有数篇博士学位论文陆续完成：上海师范大学叶黎明《语文科写作教学内容研究》（2007），西南大学魏小娜《语文科真实写作教学研究》（2009），福建师范大学刘中黎《中国百年日札写作教育与教学研究》（2010），华东师范大学荣维东《写作课程范式研究》（2010）、朱建军《中学语文课程读写结合研究》（2010）、周子房《写作学习环境的建构》（2012），上海师范大学邓彤《微型化写作教学研究》（2014）等。这些博士学位论文，在各自的选题领域做出了贡献，为我国中小学写作课程的重建，奠定了良好的学术基础。

2010年，我主编两本分别适用于小学和中学的教师资格考试学习用书《语文学科知识与教学能力》（高等教育出版社2011年），写作领域的编写参与者有荣维东、叶黎明、魏小娜、朱建军、周子房、邓彤等，其中第一模块"语文学科知识"的第三节"写作与学习写作"采纳《写作课程范式研究》主要观点和内容，初稿由荣维东执笔。

2014年起，我任研制组首席专家，组织数十位高校研究者和中小学教师，合作研制教育部《中小学幼儿园教师培训课程指导标准：义务教育语文学科教学》（2017年11月教育部颁布）。该培训课程指导标准的主体内容是三个方面：一是培训课程目标，相当于语文教学能力标准，指明语文教师培训"到哪里去"。培训目标按识字与写字教学、阅读教学、写作教学等6个培训领域，择取20个"核心能力项"，列举102条具体的能力指标。二是能力诊断，对应"核心能力项"，提供便于教师自我诊断的"能力表现级差表"，帮助语文教师认清自己的语文教学能力"现在在哪里"，规划并选择适合自己专业发展的培训课程。三是培训课程，按"核心能力项"设置研修主题，每一个研修主题有若干专题并列明其"内容要点"，为语文教师的专业发展铺就"如何到那里去"的道路。写作教学领域有4个"核心能力项"，其中"写作知识和写作教学知识的更新"和"写作学习活动设计与过程指导"这两项的培训目标和课程内容，参考、整合了荣维东、叶黎明、魏小娜、朱建军、周子房、邓彤等人的研究成果。写作教学领域的培训目标摘录如下。

（一）写作知识和写作教学知识的更新

1. 能反思自己的日常写作经验。

2. 能阐释写作语境要素、写作过程、写作策略、写作学习支架、语篇类型、表达方式等术语的含义。

3. 能辨析写作知识与文章知识的区别及联系，能辨析学习写作与语言单项训练的区别及联系。

4. 理解"写话""习作""写作"的学段区别及其对写作教学的意义。

（二）给学生提供多种写作机会

1. 按《义务教育语文课程标准》要求，保证写作教学的规定课时和学生的课内习作量。

2. 在阅读教学中适时介入多种写作活动，以写促读，以读带写。

3. 在口语交际教学中适度介入写作活动，指导学生拟写正式场合的发言提纲、讨论纪要、汇报稿、演讲稿等。

4. 在综合性学习中进行专题写作活动，指导学生写简报、表演脚本、调查报告、小论文等；尝试与其他学科教师合作开展跨学科写作活动。

5. 充分认识写作在生活、学习和工作中的功能，利用或创设契机，触发学生进行多种媒介的、语篇类型多样的实用写作。

6. 营造主动写作的氛围，激发学生的写作兴趣和意愿，鼓励学生写日记、随笔、读书笔记，尝试诗歌、童话、故事等创意写作。

7. 组织并指导学生编写班报班刊、编制班级网页等；组织并指导学生文学社团等课外写作活动。

（三）写作学习活动设计与过程指导

1. 能基于学生校内外生活体验或可获取的材料，设计真实或拟真的写作任务。

2. 能根据写作的语境要素，分析写作任务完成的条件和要求。

3. 能分析学生以往的写作表现，估量学生完成写作任务的主要困难或问题。

4. 能按完成写作任务的进程，组织包含若干学习元素的写作教学单元，分步解决学生的写作困难或问题。

5. 能利用或研发样例、提示、建议、向导、图表等写作学习支架。

6. 能聚焦学习元素、借助写作学习支架开展写作教学活动，关注学生在写作过程中的表现并进行针对性指导。

（四）习作修改指导与习作评价

1. 能教给学生多种修改策略，指导学生在内容、结构、语句、字词等不同层面对习作加以修改。

2. 能提供评价量表或评改样例，组织学生互相评阅习作，交流写作学习的体会。

3. 能引导学生比较修改前后习作的变化，帮助学生反思、总结写作学习经验。

4. 能针对写作任务的学习元素评价习作，围绕写作学习的成效和共性问题进行习作讲评。

5. 重视学生写字与标点的规范，指导学生校订及排版，必要时要求学生递交誊写稿或打印稿。

6. 能利用墙报、班刊、网络等途径和方式，鼓励并指导学生展示、交流习作。

以上两例，表明荣维东的博士学位论文及其《谈写作课程的三大范式》（《课程·教材·教法》2010年第5期）等相关论文，在当时就已经产生了较大的学术影响。然而，《语文学科知识与教学能力》受其"教师资格考试学习用书"的制约，受众面有限；《中小学幼儿园教师培训课程指导标准》虽然面向"十三五"教师全员培训，但实际的使用者主要是"国培计划"的培训院校和机构，受培训院校和机构的师资条件、培训资源不足等制约，能够围绕写作教学领域的主题进行培训的，其实并不多见。

如果荣维东《写作课程转型论》以及在此基础上进一步深化研究的成果《交际语境写作》（语文出版社2016年）能够再早一些时间出版，如果致力于写作领域的研究者们能够形成合力，那么重建我国中小学写作课程，广大教师在形成共识的基础上致力于中小学写作教学改革的实践，这本来是有可能实现的。

二

但形成合力、形成共识，看来并不那么容易；本来有可能实现的事情，现在恐怕要搞砸了。

首先是研究者的术语不统一。大致相同所指的概念，目前有多个术语名称，比如"真实写作""功能性写作""交际语境写作""任务（任务型）写作"等，以及"生命写作""公民写作""绿色写作"等。新一轮基础教育课程改革倡导"真实情境"，《高中语文课程标准（2017年版

2020年修订）》和《义务教育语文课程标准（2022年版）》提出"语文学习任务群"，使术语名称纷扰的问题越发突出。

　　正如荣维东在其著作中所言，为了能够贴切地表达自己的所思，有时需要创建一些具有特定所指的术语名称，研究者在一些场合也有必要维持所创建的具有标识性的术语名称。然而，对荣维东所创的"交际语境写作"这一术语名称，我是有些顾虑的，我建议取"真实写作""功能性写作""任务（任务型）写作"等的最大公约数，将其转换为"真实语境的写作"。

　　与其他学科尤其是国外情况不同，语文教育研究旨在解决我国语文课程与教学实践中的问题，我们的研究成果发表在普及性的语文教学杂志上，所写的著作希望为语文教师所读、所用。《现代汉语词典》把"交际"释义为"人与人之间往来接触"，说"交际语境写作"，在语感上总感觉别扭。这种别扭感有可能造成学术成果传播的阻碍。而大致相同所指的概念有多个术语名称，通常都会"增加"我国语文课程与教学实践中的问题。

　　其次，术语被滥用。2010年主编《语文学科知识与教学能力》时，我曾提议参编的上述各位最好能在后续研究中使用统一的术语名称，但该提议似未引起重视。事情的发展，却表明我当初的顾虑并非多余。人大复印报刊资料《初中语文教与学》2020年第12期较集中地转载写作教学的文章，全文转载的文章有《基于情境任务的台阶式写作教学设计》《1→X微型情境写作实践初探》《创设真实情境，培养写作思维》《初中语文情境写作教学发展型动态评价案例研究》，转载之后列有一栏"相关题录"，所录文章的标题如下：

　　　　《中考交际语境写作任务设计评析》《浅谈情境教学法在初中写

作教学中的运用》《创设多种写作情境，提升语言训练效果》《情境教学法在初中写作教学中的应用》《转换叙述身份，促进情境写作的深度学习——"宅"话题写作提升案例》《情境教学法在初中语文写作教学中的应用探究》《真实情境，让写作不再是"难事"——以"精雕细琢，让人物活起来"写作指导课为例》《情景化写作应具备的五种意识》

上述转载文章和题录分别使用"基于情境任务的写作教学""情境写作""情境写作教学""交际语境写作""情境教学法""写作情境""真实情境""情景化写作"等多种术语名称，题名中都有"情境教学法"的三篇文章，说的也不是同一个东西。这种现状至少告诉我们两个实情：

第一，在本次新课程改革中引进的课程、教学和评价意义上的"情境"这个词语，我们的语文教师恐怕消化不了。"情境"是我国传统文化术语，有特定的含义；在语文教学界有较大影响的"情境教学"，有特定的所指；课程、教学和评价意义上的"真实情境"（real-world situations），其要义不在于"情境"，而在于"真实（real-world）。我们的词汇系统里缺少一个类似于英语"communication"那样能够涵盖阅读、写作和口语沟通的词语；在语文课程与教学研究中，似乎也不宜统用某一个词语来指称阅读、写作和口语沟通的"真实情境"。笔者的建议是分别指称：阅读领域称之为"常态的阅读"，口语沟通领域称之为"口语沟通的场景"，写作领域称之为"真实语境的写作"。

第二，我们所意想的、近十几年语文教育研究者努力构建的"真实语境的写作"，恐怕已被搞砸了。当数十百千的语文教育研究者以及更多的十百千的谈论者和写文章者，用不同的术语名称指称大致相同的事物，当数百千万语文教师用同一个术语名称来言说各不相同的事物，那么其结果，一定是大家几乎不知道大家在说什么了。

《语文建设》杂志社去年底召开以提升语文教育研究质量为主题的编委会，我在发言中提出语文教育研究的论文要"三有"：一有文献综述，关于某个论题，之前有哪些研究、还存在哪些待解决的问题，要有个交代；文献不必周全，但必须要有。二有概念界定，明确所用的术语名称指的是啥；概念界定不一定确切，但必须要有。三有论证成分，论证可能不够严密，但论文（如果是论文的话）必须要有论证这个成分。而语文教学研究杂志中的文章，遍布的是"三无"——文献综述无、概念界定无、论证成分无。一期一期的"三无"文章，加上纷扰的术语名称，致使语文教育研究的山河，破碎不堪。

三

而现在，写作课程的山河，还有可能不在了。

问题可能出在那个神奇的"与"字。2001年义务教育课程标准提出"三维目标"，语文课程标准是三个"和"——"知识和技能、过程和方法、情感态度和价值观"；2003年高中语文课程标准在三个"和"基础上把语文课程（必修）整合为两个"与"——"阅读与鉴赏、表达与交流"；2011年修订的义务教育语文课程标准，似乎觉得"和"字不够劲道，改"和"为"与"——"知识与技能、过程与方法、情感态度与价值观"。

2017年高中语文课程标准出现了大量的"与"字：语文学科核心素养，界说为四个"与"——"语言建构与运用、思维发展与提升、审美鉴赏与创造、文化传承与理解"；必修课程的7个"语文学习任务群"，有6个带"与"字。还有两段通篇都是"与"字的论述：

学生通过阅读与鉴赏、表达与交流、梳理与探究等语文学习活动，在语言建构与运用、思维发展与提升、审美鉴赏与创造、文化传承与理解几个方面都获得进一步的发展。

增强形象思维能力。获得对语言和文学形象的直觉体验；在阅读与鉴赏、表达与交流、梳理与探究活动中运用联想和想象，丰富自己对现实生活和文学形象的感受与理解，丰富自己的经验与语言表达。

2022年义务教育语文课程标准继续"与"，三个"发展型语文学习任务群"表述为"实用性阅读与交流""文学阅读与创意表达""思辨性阅读与表达"。

那么，作为语文课程标准文本中的关键词之一的"与"，是什么含义呢？"与"的前后，是一件事情还是两件事情？如果是两件事情，这两件事情是连在一起还是可分立？如果是可分立，分立的两件事情是并列还是有主从？

把"与"的前后连为一体、合二为一，语文课程标准是有这个含义的。《高中语文课程标准（2017年版2020年修订）》对"语言建构与运用""思维发展与提升""审美鉴赏与创造""文化传承与理解"都是连为一体来解说的，指出"语文学科核心素养的四个方面是一个整体"。作为学习领域，三个"语文学习任务群"的称谓，显然也把"实用性阅读与交流""文学阅读与创意表达""思辨性阅读与表达"之"与"的前后连为一体。

"与"，《辞海》释义为"和；及"。连接名词。"与"的前后一般都常识地理解为两件事情，多本词典举例有：父与子，工业与农业，学生与老师，父亲与母亲，等。"与"相当于英文的"and"，有"及"的含义，例如"刀子与叉子"；"与"的前后也有因词序而引起的重轻差别。

换言之，"发展型"的三个"语文学习任务群"，至少可作以下几种理解：

A. 连为一体。读作：实用性/阅读与交流，文学/阅读与创意表达，思辨性/阅读与表达。

B. 可以分立。读作：实用性阅读/与/（实用性）交流，文学阅读/与/创意表达，思辨性阅读/与/（思辨性）表达。如可以分立，则有两种可能的关系。

B1. 并列。即实用性阅读和实用性交流，文学阅读和创意表达，思辨性阅读和思辨性表达。

B2. 主从。即实用性阅读及实用性交流，文学阅读及创意表达，思辨性阅读及思辨性表达。

对语文课程标准文本中极为重要的关键词"与"的含义，课程标准研制组的核心专家至今未作解读，而多位研究者对新一轮语文课程改革"淡化写作"的担忧，乃至指责所设置的学习任务群"多以阅读为中心，写作只是阅读的附庸"[①]，看来并非空穴来风。

四

长期致力于写作课程与教学研究的荣维东教授对"淡化写作"有高度警觉，于是他想法子去发掘语文课程标准文本中并没有明文表述的"含义"，写了《重建写作课程的概念、类型与内容体系——基于〈普通

---

① 徐林祥《关于语文学习任务群的再思考》，《学语文》2023年第4期。

高中语文课程标准（2017年版）〉写作内容的解读》等多篇文章。这些文章的内容，有的纳入了行将出版的《写作课程转型论》中。摘录其中一段：

  从中小学最新一轮的语文课程标准看，语文学习任务群的提出已经为这种功能写作文体体系的构建奠定了比较扎实的根基，提供了新教学文体重建的广阔空间。比如在《义务教育语文课程标准（2022年版）》六大任务群中，所涉及的重要文体其实有很多。比如在"实用性阅读与交流"涉及日常应用文、日记、观察笔记等，还包括人物故事，写人和记事文，笔记、大纲、脚本、思维导图等以及多种媒介文本。在"文学阅读和创意表达"任务群中涉及儿童诗、有趣的故事、诗歌、小小说等文体。在"跨学科学习"中涉及日常观察和记录、研究报告、活动方案、问卷、访谈、调查报告、发言提纲、策划方案、海报等。这些丰富多样的文体类型，是过去历次语文课程标准所不曾具备的。

努力去发掘新课程标准的优势、长处，努力去避免因求新而带来的弱点、短处并揭示可能被遮蔽之处，这也是我所秉持的立场和态度。应该说，上述从文体角度的勾勒，符合语文课程标准文本的实际，"提供了新教学文体重建的广阔空间"的推断，也有据可依。但是，这里可能模糊了"写作活动"与"学习写作"的差别。

正如"阅读活动"与"学习阅读"有联系但有实质性差别，"写作活动"与"学习写作"有联系但有实质性差别。概而言之，"阅读活动""写作活动"，其基本假设是学生大致会读能写；而"学习阅读""学习写作"，其基本假设是学生对所阅读材料的阅读理解有问题、有困难，对所需完成的写作任务有障碍需要克服，所以才有阅读课程与教学，所以才需要写作课程与教学，所以才有课程目标与课程内容、教学目标与教学内容。

从课程标准文本的文内前后文语境看，上述所列举的诸如日记、观察笔记、笔记、大纲、脚本、思维导图、日常观察和记录、研究报告、活动方案、问卷、调查报告、发言提纲、策划方案、海报等文体，基本上是假设学生大致能写的"写作活动"。例如："学习用日记、观察手记等，展示自己观察自然、探索科学世界的收获。""组建文学艺术社团，开展相关文化活动，参与社区文化活动与文化建设；在参与过程中写出策划方案、制作海报、记录活动过程，运用多种媒介发布学习成果。"这样的"写作活动"，归属于上文所介绍的教育部《中小学幼儿园教师培训课程指导标准：义务教育语文学科教学》写作教学"培训目标"中"给学生提供多种写作机会"那一项。

而归属于"写作学习活动设计与过程指导"一项的，才是我们通常所说的写作课程与教学，它指的是作为课程目标和课程内容的"学习写作"。涉及写作领域，《义务教育语文课程标准（2022年版）》所明确规划的课程目标和课程内容是：写记叙性文章，写简单的说明性文章，写简单的议论性文章，学习写留言条、请假条、短信息、简单书信等日常应用文，缩写、扩写、改写，尝试诗歌、小小说的写作。这与以往的语文课程标准或者语文教学大纲，似乎并无多大差异。

五

对写作课程而言，文类、文体的扩展是必要的，而文类、文体的扩展是基于真实语境的写作。真实语境的写作，即荣维东教授所称呼的

"交际语境写作"。对真实语境的"五要素说",在《写作课程转型论》和《交际语境写作》这两本著作中界定得清楚明了,即作者、话题、读者、目的和指引语篇类型(文体、语体)的"言语"(两本著作中都用"语言",可能称作"言语"更妥帖一些)。

据我的学习体会,语文课程标准文本中的关键词"语文学习任务群"及其简略语"学习任务群""任务群",指向较长远的目标任务,即与现实世界(real-world)相关的真实情境。"真实情境"有两个含义:一是现实世界里有素养的成年人在正常的情况下所做的事,也就是学生10年、15年之后在生活、工作和学习中所做的阅读、写作和口语沟通。二是当下的真实感,学生(儿童)感觉到"像真的一样"。

如果我的上述理解没有大错误,那么现在流行的"大情境""做任务"可能搞错了所适用的领域。目前所见的"大情境""做任务"的课例,主要在阅读领域,所涉及的大多是本应"学习阅读"的文学作品,甚至是本应"学习基础阅读"的文言作品,其"学习任务"本应是"阅读理解"。也就是说,这些作为"课文"的文学作品、文言作品,因生活经验、百科知识尤其是现有的语文能力的制约,学生的阅读理解有问题、有困难,因而需要学习"如何阅读"、提升阅读能力。而"做任务"则把"课文"视作"资源",其潜在的假设是学生们大致会读能用。"大情境"和"做任务"联姻,在所设置的特定情境中做任务,其阅读方式是阅读者(学生)假设自己是某种社会身份——比如展览的策划者、编剧者等等,而假设某种身份去阅读,这有违于阅读的本性。阅读是本色的,我们只能以自己认同的本色身份去阅读理解,我们只能以"我"的视界做阅读理解,比如我只能以成人的、语文教育研究者的身份去阅读绘本,"像儿童一样地"阅读绘本,恐怕只有真正的儿童文学专家、高专业水平的小学教师才有可能做到。我无法假设、不可能做到像展览策划者、编剧那样去阅读理解和使用一个文学作品,在真实的世界里也从来无此必要。

而写作则是社会身份的。我写评语是教师的身份,我写微信是朋友圈的一员,我写诗歌自然要认自己是个写诗的人。即使是日记——我说的是本然的日记而不是学生交作业的那种"日记",写者要么是在外人面前努力掩饰的"本我",要么是自觉扮演的希望在他人眼里呈现的"我"——如果写日记时就想着以后会发表的话。写作者必是真实语境的"我",一个成熟的写作者,是一个自觉地意识到在写作当下特定社会身份的作者。换言之,写作必是真实语境的写作,学习写作的最佳途径,就是在真实语境的写作中学习"如何写作"。荣维东《写作课程转型论》和《交际语境写作》,揭示的就是这个写作和学习写作的原理。如果这个原理成立,那么"语文学习任务群"好像应该唤作"写作学习任务群"的。

六

"写作学习任务群"好像是可以成立的。李海林、荣维东、叶黎明、魏小娜等人关于真实语境的写作的研究,邓彤等人关于写作微课程(也就是单元)的研究,荣维东、周子房等人关于写作策略、写作学习支架的研究,已经较为清晰地描绘出写作课程与教学的应该模样。

由此看来,在"语文学习任务群"的形势下,如果致力于写作领域的研究者们能够形成合力,那么重建我国中小学写作课程,广大教师在形成共识的基础上致力于中小学写作教学改革的实践,或许还是有可能实现的。

或许,荣维东教授这部出版迟到的著作《写作课程转型论》,标志着"真实语境的写作"的再出发。

七

在赠送我《交际语境写作》新书的扉页上，荣维东写道，自己致力于写作课程重建事业十年，"今天我发现它，绮丽的风景，仍然吸引我，不断前行"。

"不断前行"，我深以为然。在我看来，写作课程与教学研究还有一个硬骨头要啃，那就是"写作能力"的描述。我曾承担"国民语文能力构成"的研究项目，将研究视角和路径设定为"以筹划思维解答语文能力构成问题""按真实情境的功能类型设定描述层级""面对事情本身具体描述能力要素"三大原则。申报该研究项目时雄心勃勃，期许本研究将按照"真实的"阅读类型——语篇类型，描述阅读能力要素；按照"真实的"写作样式——任务类型，描述写作能力要素；按照"真实的"沟通场景类型，描述口语沟通的能力要素。可惜力有不逮，只完成了"阅读篇"（华东师范大学出版社2022年）；写作和口语沟通的类型鉴别和能力要素的描述，虽有一些想法，但未能如愿展开研究。

如果我们能够鉴别我国国民的写作主要类型并较为清楚地描述其能力要素——也就是我们希望中小学生在10年、15年之后还一直"带着"的写作"核心能力"，那么中小学写作课程的重建，就会较为清楚地看见前行的塔灯。

或许，"写作能力"的描述，会成为荣维东教授下一部著作的研究主题？

谨以此文贺《写作课程转型论》出版，如有不当之处，请荣维东教授海涵。

2023年8月16日

阅读理解与阅读策略[1]

——学习、消化的四个步骤

我国语文教育研究者和语文教师关于阅读理解与阅读策略的知识，依赖相关译著，无论是语文教育研究者还是中小学语文教师，目前大家都是"新手"，都处在学习、消化的初级阶段。学习、消化关于阅读理解与阅读策略的知识，建议采用以下四个步骤：一是按译著本文的意思去理解；二是直面事情本身，体察自己的阅读理解过程；三是从原理上去理解和把握；四是结合自己的教学课例进行反思，改进教学。

语文教师的最主要工作是教（指导）学生阅读理解他们所读的课文材料，教（指导）学生学习运用阅读策略是其重要的组成部分。

当我们说"教"或者"指导"的时候，预设前提是"教"或者"指导"的语文教师应该是这方面的专家。就像驾驶教练，他对车和驾驶都有较充分的了解和较丰富的经验，语文教师对阅读理解与阅读策略应该有较充分的了解和较丰富的经验。

---

[1] 本文原载《北大语文论丛》（集刊）2023年第一期，有修改。

但实际的情况却不是这样的。阅读理解与阅读策略的知识来源于认知心理学的研究，而我国师范院校培养语文教师的课程几乎没有这方面的内容，似乎也没有能够承担起这方面课程教学的高校教师。我国语文教育研究者和语文教师关于阅读理解与阅读策略的知识，依赖相关译著，无论是语文教育研究者还是中小学语文教师，目前大家都是"新手"，都处在学习、消化的初级阶段。如果说有些差别，那也是先学和后学、先一步知晓和后一步知晓的差别而已。

根据笔者的经验体会，建议老师们采用以下四个步骤来学习、消化关于阅读理解与阅读策略的知识。

一、按其本文的意思去理解

教育学、心理学、语言学等绝大部分专业词汇都是"移植词"[①]，移植词对应于某个外文词，它的意思基本上是那个外文词的意义，例如教学目标、教学内容、教学模式、大概念、深度学习、批判性思维、阅读策略等等。我们不能想当然地按照中文词语的语义联想去对付这些词汇，而要按照著作中所定义的含义去理解和把握。

从国外的文献看，"阅读策略"这个名词有三种用法：

第一种是宽泛的用法，包括我们所理解的"技能""方法"等，比如《美国学生阅读技能训练》罗列300条，书名被译为"技能"的词，原文的用词是"策略"（strategies）。

第二种用法遵循"策略"的定义——"策略是指为了有意识地实现

---

① 陈嘉映. 说理[M]. 北京：华夏出版社，2014：116.

某个目标而采取的一种（或者一组）概括性的计划"①，但包含广义的阅读和狭义的阅读。广义的阅读活动指做阅读这件事，广义的阅读策略类似于"读书法""读书方法"。狭义的阅读策略，即"阅读理解策略"。

第三种用法，特指"阅读理解策略"，指具体语篇的阅读理解过程（processes of comprehension）中所采取的策略。

一般说，在所读的译著中作者会解释该著作中"阅读策略"的所指，我们按该译著的本文的意思去理解即可，而不必去纠缠这本书所说的"阅读策略"跟那本书所说的"阅读策略"的异同。

目前引进的译著如阿德丽安·吉尔（Adrienne Gear）《阅读力：文学作品的阅读策略》和《阅读力：知识读物的阅读策略》，斯蒂芬妮·哈维、安妮古·德维斯（Stephanie Harvey and Anne Goudvis）《上好一堂阅读课（第 3 版）》，苏珊·齐默尔曼、克莉丝·哈钦斯（Susan Zimmermann and Chryse Harmony）《阅读的 7 项核心技能》等，所讲的都是狭义的阅读策略，即"阅读理解策略"。笔者建议说这些书上内容的时候，不要简称"阅读策略"，用全名"阅读理解策略"，这样不太容易混淆。

同样，要依据译著各自本文中作者所界定的含义去理解。比如推论、猜测、推想、预测，有的作者是分别定义的，有的作者则把它们归拢在一起。阿德丽安·吉尔认为，在知识类读物的阅读中，"提问能力和推测能力之间存在着明显的联系"②，所以把这两种在她的《阅读力：文学作品的阅读策略》中分别讲述的内容合并为一章。强以中文的语义去"辨析"，大多是自寻烦恼。

---

① 戴蒙，勒纳（William Damon and Richard M. Lerner），主编. 儿童心理学手册（第 6 版）第二卷 [M]. 林崇德，李其维，董奇，译. 上海：华东师范大学出版社，2009：584.

② 阿德丽安·吉尔（Adrienne Gear）. 阅读力：知识读物的阅读策略 [M]. 王威，译. 南宁：接力出版社，2017：100.

以上说的是学习译著时理解、消化关于阅读策略的知识。如果要进一步了解这方面的知识，有三本必读的译著，三本中各有30多页的内容。一本是D. W. 卡罗尔（Wadsworth）《语言心理学》第七章《语篇理解与记忆》①；一本是戴蒙、勒纳（William Damon and Richard M. Lerner）主编《儿童心理学手册（第6版）第二卷》第十二章《认知策略》②；一本是玛丽安娜·沃尔夫（Maryanne Wolf）《普鲁斯特与乌贼：阅读如何改变我们的思维》第5—6章"阅读者的五大进阶"③。如果还想再进一步了解，可资学习的著作是莫雷等著《文本阅读信息加工过程研究——我国文本阅读双加工理论与实验》④。

据我的判断，造成一线语文教师认知困惑的，主要不是上面所说的译著和专著，而是语文教学杂志上的各类文章，尤其是对教材中相关单元的阐释文章。这些文章是否有参考价值，一个很重要的判断标准是看其是否引用了在上文提到的那几本书以及所引用的语句是否符合该著作的本义。

将阅读策略引进语文教学，起于统编本小学语文教科书。据教材编撰者介绍，从三年级到六年级的上册编排有四个"阅读策略"单元，即三年级上册"预测"单元，四年级上册"提问单元"，五年级上册"提高阅读速度"单元，六年级上册"有目的的阅读"单元。从教材的本文看，

---

① D. W. 卡罗尔（Wadsworth）. 语言心理学［M］. 缪小春，译. 上海：华东师范大学出版社，2007：15-18.

② 戴蒙，勒纳（William Damon and Richard M. Lerner），主编. 儿童心理学手册（第6版）第二卷［M］. 林崇德，李其维，董奇，译. 上海：华东师范大学出版社，2009：583-625.

③ 玛丽安娜·沃尔夫（Maryanne Wolf）. 普鲁斯特与乌贼：阅读如何改变我们的思维［M］. 王惟芬，杨仕音，译. 北京：中国人民大学出版社，2021：104-137.

④ 莫雷，等. 文本阅读信息加工过程研究——我国文本阅读双加工理论与实验［M］. 广州：广东高等教育出版社，2009.

"预测"和"提问"这两个单元，基本上是"阅读理解策略"，五上和六上"阅读要有一定速度""根据阅读目的，选用适当的阅读方法"则大抵是广义的阅读策略，主要涉及"略读"。笔者建议，还是按教材本文的意思去理解，不必纠缠属于"阅读策略"还是不属于"策略"之类的无谓争辩。

两位语言学家早川（Samuel Hayakawa and Alan Hayakawa）合著的《语言学的邀请》一书中有一个有趣的说法，可以帮我们来对付"各执一词"的状况。他们说①：词语有外向意义和内向意义，每次有人要你说明一个词语的外向意义时，你只需一手捂着嘴，一手指着那样东西即可；每当我们用别的词语来解释一个词语时，我们所告诉人的就是其内向意义。"倘若一句话有外向意义，争论可以结束，双方也可以达成一致看法。倘若一句话只有内向意义而没有外向意义，我们就可能而且常常争论不休。"

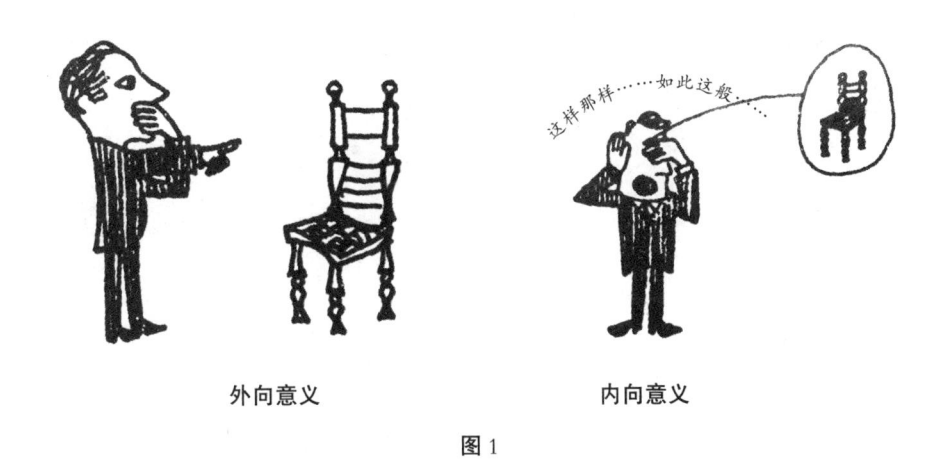

外向意义　　　　　　内向意义

图1

比如三年级上册"预测"，单元页上同时出现"猜测、推想、预

---

① 塞缪尔·早川（Samuel Hayakawa），艾伦·早川（Alan Hayakawa）.语言学的邀请[M].柳之元，译.北京：北京大学出版社，2015：67-69.

测";五年级上册"阅读要有一定速度",包括跳过不重要的词语,减少回读,扩大视距(一眼看到的内容),抓住课文的主要意思,根据篇章特点利用中心句推测下文等技能。另外,有些未被定位为"阅读策略"的单元,实际上是阅读理解策略,例如三年级上册"感受童话的想象""学习带着问题默读"等。笔者建议,我们指认小学语文教科书的"阅读策略"单元时,只需一手捂着嘴,一手指着该单元所言说的那样东西即可。

关键是老师(读者)要形成自己思考时使用的一套一以贯之的专业词汇,也就是明确专业词汇的所指(外向意义)并按该所指使用这个专业词汇,比如"阅读理解策略"。

理想的情况是语文教育界形成一套有共识理解的专业词汇。原则性的分别是有的:

1. 阅读策略(广义)和阅读理解策略(狭义),是跨文类跨文体的,也就是说,不管读什么样的书或文章,都会或有可能会使用到这些策略。

2. 阅读方法是分文类、分文体的,只有读这一类书或这一类文章,才用到这些特定的阅读方法。

3. 阅读技能是需要(可以)自动化的,比如减少回读、扩大视距等,通过适当的训练使之成为学生(读者)阅读时的无意识的阅读行为,才有教学的价值和意义。

二、直面事情本身

阅读理解与阅读策略的知识,是对成熟读者的阅读经验的系统化提炼。它们根源于阅读者的阅读经验。学习、消化关于阅读理解和阅读理解策略的知识,最有效的办法就是反思自己的阅读理解过程。我们以一年级下册《一分钟》这篇课文为例,看看自己的阅读理解过程。

表1　《一分钟》课文

一分钟

　　丁零零,闹钟响了。元元打了个哈欠,翻了个身,心想:再睡一分钟吧,就一分钟,不会迟到的。

　　过了一分钟,元元起来了。他很快地洗了脸,吃了早点,就背着书包上学去了。走到十字路口,他看见前面是绿灯,刚想走过去,红灯亮了。他叹了口气,说:"要是早一分钟就好了。"

　　他等了好一会儿,才走过十字路口。他向停在车站的公共汽车跑去,眼看就要跑到车站了,车子开了。他又叹了口气,说:"要是早一分钟就好了。"

　　他等啊等,一直不见汽车的影子,元元决定走到学校去。

　　到了学校,已经上课了。元元红着脸,低着头,坐到了自己的座位上。李老师看了看手表,说:"元元,今天你迟到了20分钟。"

　　元元非常后悔。

　　标题。看到标题"一分钟",借助于预视(眼睛瞟一眼),我们大致能预测(猜想)这是一篇关于一分钟的儿童故事。联系阅读经验,几乎无意识地选择按故事(文体)的模式(图式)去理解。比如,我们不会去质疑"元元"这个名字(学生的名字应该是有姓有名),我们也不会去质疑"元元"的父母在哪——如果一年级小朋友课上问:"爸爸妈妈怎么不管元元呢?"说明学生对"故事"还缺乏必要的阅读经验。

　　第一段。"丁零零,闹钟响了。"联结日常经验,推论,阅读理解:该起床了。注意,所读的文字是"丁零零,闹钟响了",但我们的阅读理解是这些文字所表达的意思:到了必须起床的时间了;而且,这个时间点是他自己定的。"元元打了个哈欠,翻了个身",联结日常经验,推论,阅读理解:没睡够,没有起床,看来也不想马上起床。"心想",推论,阅读理解：找不起床的理由呢。"再睡一分钟吧，就一分钟，不会迟到的"，推论，阅读理解：要求不高嘛，有底线。阅读理解：从三个方面找理由，"再睡"，意思是比规定起床的时间"多睡""就一分钟"，意思是"只"一分钟，"不会迟到的"，这是底线，也是所抱有的希望，三个方面的理由说服了他自己。推测：如果我们从阅读这个语句的时间来看，从三个方面来说服自己，差不多一分钟也过去了，"再睡一分钟"其实是在床上多躺一分钟，并不是"睡"，也睡不着，躺着也很不踏实。图像化，想象元元赖在床上说服自己的样子。猜测：接下来可能要出麻烦事了。

第二段。"过了一分钟，元元起来了"，联结日常经验，阅读理解：好自觉的孩子，说到做到，就一分钟。"他很快地洗了脸，吃了早点，就背着书包上学去了"，推测，阅读理解：有点担心迟到了，想抢回那被自己拖延的一分钟。"走到十字路口，他看见前面是绿灯，刚想走过去，红灯亮了"，联结日常经验，阅读理解："看见前面是绿灯"，以为可以赶上；"红灯亮了"，推断：过马路不可闯红灯，遵守交通规则的好孩子。"他又叹了口气，说：'要是早一分钟就好了。'"推断，阅读理解：担心有麻烦了，后悔不该多躺那一分钟；"就好了"，意思是就不会被耽搁在这里了，能顺顺利利及时过马路了。猜测：接下来可能还要出麻烦事。

第三段。"他等了好一会儿，才走过十字路口。"联结日常经验，推测：十字路口的马路较繁忙，红灯的时间稍长；"好一会儿"大概主要是心里着急才有的感受。"他向停在车站的公共汽车跑去"，推测：看来公交车一向都是较准时的，看来学校的距离较远。"眼看就要跑到车站了，车子开了。""眼看"，马上，就要。"他又叹了口气，说：'要是早一分钟就好了。'""就好了"，阅读理解：就能赶上公交车了，就能按时到学校了。猜测：接下来可能还要出麻烦事。

第四段。"他等啊等,一直不见汽车的影子",图像化,想象元元焦急的样子。"元元决定走到学校去","决定"第四声,下了好大的决心。猜测:肯定要迟到了。

第五段。"到了学校,已经上课了",推断,阅读理解:元元迟到了。"元元红着脸,低着头,坐到了自己的座位上。"推断,阅读理解:元元很不好意思,很愧疚,自己感觉犯了大错。"李老师看了看手表",推测:看来李老师吃了一惊;"元元,今天你迟到了20分钟。"推测:老师能妥善处理意外事件,听起来只讲事实,其实是较严厉的批评。

结尾段。"元元非常后悔","非常",表程度。联系上文,总结或综合:元元其实一直在后悔,一路后悔,后悔了一路。推论、综合:作者的意图,这篇故事通过多睡一分钟导致迟到20分钟的事件,讲述了规则——这里是"守时"的重要性;破坏了规则,即便看起来只破坏了一点点,也会导致本不想要的后果。

如果老师们再读一遍《一分钟》这篇课文,一句一句地读,拉长阅读理解时自己的思考(阅读理解)的过程,就一定能够悟出下面的道理来。

第一,认识课文中的字词,读懂语句、语段和语篇的字面意思。即要通过记忆和练习达到自动化的知识和技能——这是小学低段主要学习任务,逐步达到流利阅读,包括流利朗读和连贯默读。比如"再睡一分钟"的"再","就一分钟"的"就","刚想"的"刚"等音形义;"迟到""眼看""决定""非常""后悔"等词语的语义;"要是……就"等句式。

第二,阅读方法的运用。按照虚构故事的模式来阅读理解,开端,经过,结果;愿望,障碍,结果。当小学生能基本流利朗读这篇课文时,应不失时机地引导学生用讲述的语气和语调朗读故事。

第三,阅读理解策略的运用。阅读理解的核心是推论,也就是读出字里行间所表达的意思，读出词语和语句在上下文语境中的语意。阅读理解的过程中有大量的推论，包括推断、推测、预测等，还综合地运用"联结""图像化"等多种阅读理解策略。

三、从原理上去理解和把握

通过学习一两本译著，了解阅读策略的具体所指，结合自己的阅读经验，对阅读理解和阅读理解策略有较直观的体认，这还不够。我们还必须从原理的高度去理解和把握，明白阅读理解的含义，明白阅读理解策略的作用，明白为什么要特意教学生学习一些重要的阅读理解策略。

（一）阅读理解的核心是推论

阅读活动的核心是理解，"这几乎是所有教育家、心理学家的共识"[1]。正如阅读研究专家所指出的："阅读和理解之间的区别仅仅是语义上的区别，因为没有理解，阅读就只是在追随书页上的记号。"[2]

阅读的自然单位是语篇[3]。综合心理学的研究，语篇阅读理解的心理过程大致可以描述为[4]：

1. 字词辨识，句子处理，读者把握语篇的字面讯息；

---

[1] 心理学百科全书编辑委员会. 心理学百科全书（第一卷）[M]. 杭州：浙江教育出版社，1995：518.

[2] 博比·尼特（Bobbie Neate）. 阅读：阅读技巧指南[M]. 贺微，等，译. 重庆：重庆出版社，2004：8.

[3] D. W. 卡罗尔（Wadsworth）. 语言心理学[M]. 缪小春，译. 上海：华东师范大学出版社，2007：154.

[4] 谢锡金，等. 儿童阅读能力进展——香港与国际比较[M]. 香港：香港大学出版社，2005：20, 10.

2. 读者根据语篇的字面讯息，推论字里行间没有明言的隐含讯息；

3. 连贯篇章和建立语篇结构，使语篇衔接并连贯成为一个可理解的整体；

4. 读者把所理解的内容与自己的生活经验对照与结合，扩展和丰富对世界的认识，进而对语篇进行评价。

上述心路历程，在阅读活动中几乎是同步进行的，并因此产生阅读理解的结果。阅读理解的结果，即"读者掌握语篇的作者所要表达的、或希望读者知道的意思"①。

正如卡罗尔所说："连接性语篇的理解与其说是依赖于语篇中各个句子的意义，还不如说是依赖于这些句子的排列。"②语篇中的词句不可能把所有的信息都描述出来，要对存在着语义联系的语篇形成语段的局部连贯理解和语篇的整体连贯理解，读者必需运用多种"推论"。

语篇阅读心理学认为，在"自然阅读"条件下——即认识所读语篇的那些字、能够解码字面意思、对所读语篇所涉的内容主题有相应的背景知识和生活经验、且没有特定阅读任务——决定阅读理解的主要因素是"联系性推论"。联系性推论，就是依赖读者所具有的语篇外在的知识经验对语句之间的关系做出推断。例如"丁零零，闹钟响了"，阅读理解是推论：该起床了，到了必须起床的时间了；而且，这个时间点是元元自己定的。

其实，在真实的阅读情境中，"没有特定阅读任务"是相对较少的，也不重要；相反，成人世界的绝大多数阅读，关涉学习、生活、工作、社交和个人精神生活的阅读，都是有（自发或被要求的）特定阅读任务

---

①② D. W. 卡罗尔（Wadsworth）. 语言心理学 [M]. 缪小春, 译. 上海：华东师范大学出版社，2007：155.

的。有特定任务的阅读，依据读者的阅读取向、阅读目的和语篇类型的"图式"从而主动进行的、积极的推论。

阅读中还会产生"联想性推论"。"联想性推论"即"图像化"，一般伴随言词的字面理解而自然地生发；成熟的阅读者，在阅读中伴有大量"联想性推论"，因而他们所理解的文意，比能力弱的读者要丰富得多。借助联想和想象，"再造"内含于字里行间的种种情境，这是文学作品阅读的关键之一。

实用文章中的种种论断，背后往往潜藏着作者的描述性预设和价值预设。"描述性预设"，是作为论断前提的事实认定。"价值预设"，是作为论断前提的价值信念。比如"禁止吸烟"这一标语，就潜藏着吸烟损害身体、不吸烟者会被动吸烟、被动吸烟伤害健康等描述性预设。"公共场合禁止吸烟"，它的合理性，建立在吸烟是恶习、伤害别人健康是不道德行为、不顾禁令是违法行为等一系列"价值预设"的基础上。揭示潜藏在词句背后的预设，是实用文章阅读，尤其是批判性阅读的关键之一。

（二）阅读理解策略是为了促进阅读理解

阅读的目的，是为获得阅读理解的结果；但学习阅读，则需从阅读理解过程入手，即学习有效地运用阅读方法和阅读策略。

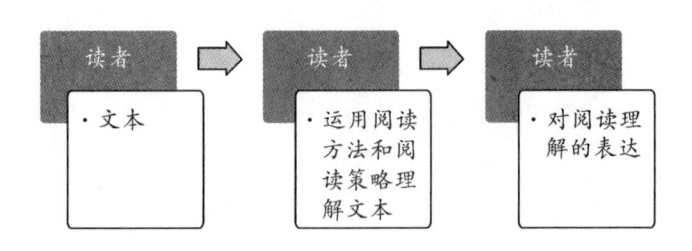

图2 阅读理解的过程与结果

在基本具备解码能力、对语篇所涉主题内容比较不陌生的前提下，可以认为，语篇的理解主要来源于理解过程的心智活动，即阅读方法和阅读策略的运用。

阅读理解的过程与理解的结果，相辅相成；对语篇的阅读理解结果与理解这一语篇的阅读方法和策略，互为因果。也就是说，阅读方法和策略的适当运用，会产生较好的理解结果；而不能够运用与阅读目的相应的阅读方法和策略，会导致较差的理解结果。

我们用具体语篇的阅读理解结果，来推测阅读方法和策略运用的心理过程，即阅读理解能力；同时，我们又用所推测的阅读方法和策略，即在阅读理解过程中会做什么或不能做什么，来解释之所以有这样或那样的阅读理解结果。

也就是说，语文教师不是为了教阅读方法、阅读理解策略而教阅读方法、阅读理解策略；之所以要教，是为了促进学生的阅读理解，目的是提高学生的阅读理解能力——"为了实现个人发展目标，增长知识、发挥潜力并参与社会活动，而理解、使用、评价、反思文本并参与阅读活动的能力。"[1]

（三）学生较普遍有"产生式缺陷"

玛丽安娜·沃尔夫《普鲁斯特与乌贼：阅读如何改变我们的思维》一书中描述了学习阅读的渐进过程。

---

[1] 国际学生评估项目中国上海项目组. 质量与公平：上海 2009 年国际学生评估项目（PISA）结果概要 [M]. 上海：上海教育出版社，2013：6.

表2 学习阅读的渐进过程（笔者参考该著第104-137页绘制①）

渐进过程	大致时段	典型特征
萌芽级阅读者	生命的最初5年	持续接触到口语和书面语言，接触文字、书面材料。
初级阅读者	幼儿园至小学一年级	字面和发音发生联系，破解文字并且了解其含义。识字音形义，词语语义。
解码级阅读者	7-8岁，三至四年级	扩大词汇量，能够读懂字面意思、大略复述内容、回答老师提问等。
流畅级阅读者	从解码级到流畅级，这段旅程会一直持续到青少年时期	理解型阅读者，策略性阅读者。要变得流畅的关键在于真正的阅读，即理解。
专家级阅读者	一生持续	每一个文本的整体复杂度都会影响到专家级阅读者的理解力。阅读脑的发展永不结束。

从解码级到流畅级是阅读力发展的关键。玛丽安娜·沃尔夫用"危险时刻"来形容这个转变期②：解码并不意味着理解，从解码阅读转变为流畅阅读，许多儿童从未完成这样的转变。据美国国家阅读委员会报告，有30%~40%的四年级儿童无法完全流畅地阅读，无法恰当地理解所读的内容。也就是说，这些儿童可以成为初级阅读者，他们能够从所读材料中获取资讯，但不具备"通过阅读来学习"的能力，"除非及时处理这些问题，否则这些儿童的未来注定蒙上尘埃"。玛丽安娜·沃尔夫解释道：

---

①② 玛丽安娜·沃尔夫（Maryanne Wolf）. 普鲁斯特与乌贼：阅读如何改变我们的思维 [M]. 王惟芬, 杨仕音, 译. 北京：中国人民大学出版社, 2021：104-137, 125-130.

流畅度的逐渐提升让孩子能够进行推理，因为这延长了他们进行推理与思考的时间。流畅度并不确保有更好的理解，但是会提供（大脑）整个执行系统额外的时间，好将注意力直接放在最需要的地方，诸如推测、理解、预测，或者回过头修正前后不一致的理解或是重新赋予一种意思。①

　　从解码级到流畅级，这段旅程会一直持续到青少年时期，一路上会遭遇许多障碍。初中的年轻的阅读者从一开始就必须学会以新的方式进行思考——虽然有许多儿童准备好了，但是也有许多儿童还没有。②

英国阅读研究专家博尼·尼特（Bobbie Neate）从另外一个角度来论述同样的问题："很多高等院校在20世纪70年代到80年代早期开设了学习技能课程，想要教一年级的新生学会更高效地阅读和做笔记的策略。但证据表明，学生们无法改变自己固有的习惯，即便在上一些专门的课程时他们能有良好的表现。"③

　　笔者未接触到我国在这方面的相关数据。但从30多年中小学课堂观察和大学生、研究生教学时的观感，相信有较大数量的青少年和成年人被卡在解码级阅读者转变为流畅级阅读者（理解型阅读者）的半途中。

　　认知心理学给出造成许多人被卡在学习阅读的半途中的原因：中小学生以及许多成人读者，较普遍地存在阅读策略的"产生式缺陷"。虽然在以往的阅读中他们可能曾经验地"知道"有一些有效策略；但是，他

---

　　①② 玛丽安娜·沃尔夫（Maryanne Wolf）. 普鲁斯特与乌贼：阅读如何改变我们的思维 [M]. 王惟芬，杨仕音，译. 北京：中国人民大学出版社，2021：126-127，133.
　　③ 博比·尼特（Bobbie Neate）. 阅读：阅读技巧指南 [M]. 贺微，等，译. 重庆：重庆出版社，2004：30.

们"不知道"在某个情境中应该运用哪个策略,"不知道"在这个特定情境中可以运用已掌握的某个或某些策略,"不明白"在这个特定情境中如何运用已掌握的策略,"不能"自主地运用策略或只是习惯性地运用自以为是的策略。比如一些阅读困难的学生往往"不知道",出色的读者通常会反复阅读某部分以便更好地去理解文章;有阅读障碍的学生通常"不知道",其实,优秀的读者会根据文章目的而改变阅读速度。[①]

"与有经验的成年读者使用的阅读策略及阅读过程相比,儿童读者在总体上都存在产生式缺陷。"[②]所以,在中小学需要特意来教学阅读策略和阅读理解策略,尽管也有一些从萌芽级就具备较好条件的"天才儿童"很可能已经在自己的阅读实践中自发地运用了各种策略[③]。

四、结合自己的教学课例进行反思

我们仍以一年级下册《一分钟》这篇课文为例。专业网站上有一个作为榜样的教学设计,见下表。

表3 《一分钟》教学设计案例

教学目标
1. 认识9个生字。会写8个字。
2. 正确、流利、有感情地朗读课文。
3. 知道时间的宝贵,懂得严格要求自己,珍惜时间。
教学过程

[①②③] 戴蒙,勒纳(William Damon and Richard M. Lerner),主编. 儿童心理学手册(第6版)第二卷 [M]. 林崇德,李其维,董奇,译. 上海:华东师范大学出版社,2009:584,603,607.

续 表

(一) 识字写字 1. 让学生在课文中画出带生字的词语，自主认读、识记。给生字正音，注意读准翘舌音"钟、迟"，后鼻音"零"，鼻音"闹"。"欠"在"哈欠"一词中读轻声。 2. 引导学生运用学过的方法自主识字，如（1）熟字加偏旁识字：钟、零、闹、哈、迟、叹、悔。（2）熟字换偏旁识字：快—决、海—悔。（3）运用汉字构字规律识字：哈、叹、钟、迟、悔。 3. 可用下面的方法巩固识字。略。 4. 指导写字可分两步进行。如"包"字里边是"巳""钟"……"迟"……"包"……"叹"和"哈"……"闹"……。
(二) 朗读感悟 1. 创设情境导入新课，初步感知"一分钟"究竟有多长。 2. 教师范读，学生整体感知课文，想一想：听了老师读课文，你知道了什么？（学生自由谈） 3. 自由朗读，讨论：元元两次叹气说"要是早一分钟就好了"的时候，他会想些什么？先让学生自己读书感悟，体会元元当时着急的心情；再小组讨论，谈谈自己的想法，揣摩元元的心理；然后派代表到全班交流；最后通过朗读表达元元当时的心情，注意读出叹息、自责的语气。 4. 讨论：你觉得这一分钟重要吗？为什么？ 同学们看见元元"红着脸，低着头"走进教室时，一定会受到强烈的感染——就这一分钟，使他迟到了整整20分钟；就这一分钟，耽误了学习，使他感到愧疚和后悔。再通过小组讨论，让大家领悟到每一分、每一秒的重要。 5. 有感情地朗读课文。学生一边读一边体会元元的心情。
(三) 实践活动 1. 课后练习。"找找说说"是组字练习。用偏旁"门、口"和"尺、欠、合、中、市、又、井"等字可以组成"闹、哈、吹、钟、迟、进"等字。如果学生用"门"和"口"组成"问"，也应给予肯定。 2. 组织学生从活动中体会"一分钟"的价值。（1）通过查找资料说明，人们一分钟能做多少事（如工人、农民、解放军、清洁工）。（2）以"我一分钟能做什么"为主题，交流自己的切身感受，体会时间的宝贵。

上述教学设计及其教学实践，看起来比较好落实，但重点最好都放在最后一个环节，否则老师的教（在第一环节）与学生的练（在第三环节），隔得太远了。

　　识字和阅读理解方面显然有较大的问题：识字管识字，从课文中拎出几个字来，与课文阅读理解不发生关系；阅读理解（朗读感悟）基本上脱离字词。结果是"识字"目标和课文理解都比较虚浮，教学目标中的"正确、流利、有感情地朗读课文"，简单地搬移课程目标，在课文教学中没有具体的教学点。换言之，跟识字认词（字音）的联系不明确。朗读感悟脱离字词，导致老师对这篇课文的阅读理解出现严重偏差。第三环节的实践活动，与阅读理解脱节，且偏离了这篇课文的主旨——如果我没有读错，这篇故事讲的是"守时的重要性"，而不是"每一分、每一秒的重要"。

　　关于这个教学设计，笔者曾有过一个改造的建议。这里从阅读理解策略的角度来谈。原则还是一样的，那就是"学文识字"——在学文中识字、将识字带回到课文理解。

　　先说在学文中识字。教材要求本篇课文的识记生词有"钟、元、迟、洗、背、刚、叹、共、汽、决、定、已、经"等，识字是音形义，音和形要归结到对字义的理解。教材要求的识记生词，意思是所识记的这些字词能够迁移，它们出现在别的阅读材料中，小学生也能按其所学的字义去理解。当然，教材要求掌握这13个字，不等于说学习这篇课文只掌握这13个字，在课文教学中识字多多益善。

　　一般说，读音的问题应该在读课文之前教，这个设计中第一个步骤"给生字正音"是对的，但漏了一个字"背"，作动词时读第一声。如果考虑到对课文的理解，"叹""决""定"的第四声，在阅读之前过一下就更好。字形的问题，有的要在课文理解过程中带出来，有的易错认

（与写字相联系）则应该放在最后的练习环节，例如"已"字。

　　字义的问题，主要放在课文阅读理解过程中。例如"迟"，这个字的字形所转递的字义正好跟这篇课文内容相配，要拆解一下的；"汽车"的"汽"是"汽油"的意思。"再睡一分钟吧"那个"再"字，以及在这篇课文中的三个"就"字的字义都不一样——一处是"就一分钟"，一处是"就背着书包上学去了"，一处连续出现两次的"要是……就"——这些字是要关注的。在课文语境里，识字识词要连在一块，识词的要点在词义，"眼看"这个词的意思，与"眼看"相对应的"刚想"词义，这些都要在学生读课文的时候带出来的，准确理解词义。

　　这是第一轮教学，在学文中识字识词，学生要读好几遍，读懂这篇课文的字面意思。识字识词教学，准确地把握字词的语义，非常重要。如果这个方面没有把握住，那么学生就不能达到流利阅读的程度，因而提高阅读理解能力就没有可能。

　　再说将识字带回到课文理解。在学生能读正确、能基本流利朗读的基础上，第二轮教学的重心要移到阅读理解，也就是与文体相应的阅读方法和推论等阅读理解策略。阅读方法这里主要是两条：（1）按照虚构故事的模式来阅读理解。（2）用讲述的语气和语调朗读故事。阅读理解策略这里也主要有两条：（1）联系课文上下文语境理解（学习）课文中的一些重要字词的语意，也就是推论。（2）阅读（朗读）故事时，结合自己的经验在头脑中展现具体形象。

　　要把学生阅读理解的过程拉长，课文的几处要反复让学生朗读：一是"心想"这一句，一是两处叹了口气，一是"他等啊等"这一句。重点放在语句理解时的想象画面，且与课文中的一些关键字词的学习相勾连。比如"元元打了个哈欠，翻了个身，心想：再睡一分钟吧，就一分钟，不会迟到的。""心想"后面，从三个角度反复说服自己的模样。再如"他等啊等,一直不见汽车的影子,元元决定走到学校去。""一直不见汽车的影子"的模样,"决定"第四声的模样,等等。最后一句"非常后悔"很重要,元元不是现在才后悔,他一路都在后悔,后悔了一路:两次"叹了口气"是后悔,"要是早一分钟就好了"是后悔,进教室"红着脸,低着头"是后悔,积累到最后就"非常后悔"。"悔"竖心旁在这里讲,学生应该会记忆深刻的。

"联系课文语境理解课文中的一些重要字词""阅读(朗读)故事时,结合自己的经验在头脑中展现具体形象",这两条其实是相互交织的,学生结合语境、通过画面展现来理解课文中字词字形、字义和词义。

专门的阅读理解策略教学,以往一般是放在三年级之后的。但近年的趋势是往前挪了,从学文识字一开始,就要有意识地介入阅读理解策略。比如英国 2013 年颁布的英语国家课程框架,要求一年级学生通过归纳、自检、讨论、推断、预测等阅读策略来提升自己的阅读理解力;二年级学生则又加入了自我提问阅读策略;三、四年级学生要求区分文章的主要观点,知道形式与意义之间的关联。随着年级的增加,策略应用的数量和要求也逐渐增加。①

笔者赞同国外阅读专家们的意见:"我们应当从孩子开始学习阅读的阶段就以某种形式教给孩子处理整本书或整个语篇的方法,越早越好。""意思的理解必须与字词的解释同时进行。"②

大致的情况应该是小学低段以流利阅读(包括流利朗读和连贯默读)为主,识字识词,对字义词义准确理解,读懂字面意思,并有意识地介

---

① 郑钢. 英语阅读理解的八个核心策略:设计和工具[M]. 上海:华东师范大学出版社,2021:15.

② 博比·尼特(Bobbie Neate). 阅读:阅读技巧指南[M]. 贺微,等,译. 重庆:重庆出版社,2004:27-29.

入阅读方法和阅读理解策略。小学中段流利阅读和阅读理解，分量大致各半。小学高段之后，重心应该偏向于阅读方法和阅读策略。

其实这也不是什么新主张。如果细看上面那个《一分钟》教学设计，阅读理解策略其实语文教师一直在"教"。比如体会元元当时着急的心情，揣摩元元的心理，通过朗读表达元元当时的心情，学生一边读一边体会元元的心情。所谓"体会""揣摩"云云，其实就是推断，以及图像化。

老师们可以检查检查自己的教案，回想回想自己的教学情形，如果也像这个教学设计一样，其实是一直在"教"诸如预测、联结、提问、推断、图像化、确定重点等。那倒要好好反思反思了：为什么还以为阅读策略是个新东西呢？为什么还以为之前自己好像从来没教过呢？如果自己实际上一直在"教"，学生学会了吗？

我对"教"字打了个引号，意思是怀疑；什么是"教"呢？"教"与"学"是什么关系呢？如果我们采用早川所建议的那个办法——只需一手捂着嘴，一手指着所言说的那样东西，指指看：什么是"教"？什么是"学"？以及，我们教案里几乎每一页都会出现的"体会""揣摩""领悟""感受""感悟""探究"云云，指的是什么呢？

辑三 实用性阅读的阅读类型举隅

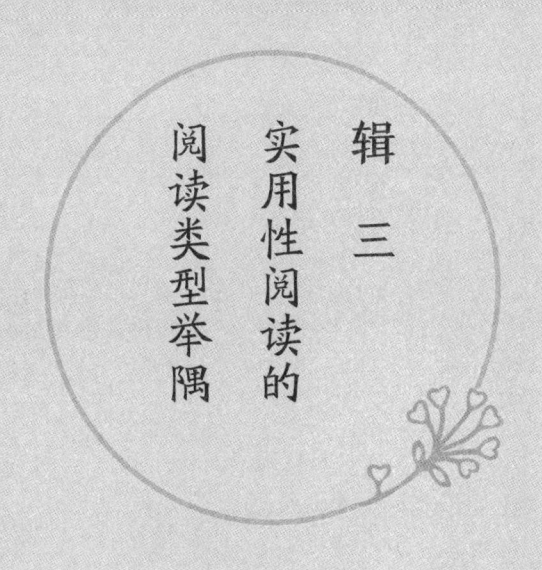

解析"阅读类型",论述"以获取资讯为目的的阅读""程序性文本的操作性阅读""自我导向的致用性阅读",以期为主要的"语文学习任务群"之一"实用性阅读与交流"提供必要的课程知识。

阅读取向、阅读方式与阅读类型

读者的阅读目的、阅读任务等，决定其阅读取向。但阅读取向并不等同于阅读目的、阅读任务，它可以成为一种阅读态度、阅读姿态、阅读习惯而相对独立地存在，甚至成为一种阅读的观念。阅读取向与阅读方式本是一体两面；联系阅读目的、阅读取向，朗读、默读、精读、略读、通读、选读等阅读方式，才能较有效地学习和应用。阅读取向、阅读方式，与语篇类型有较紧密的对应关系。阅读取向、阅读方式与语篇类型的交集，构成阅读类型。

一、阅读取向

与"阅读取向"类似的学术词汇，有阅读目的（purposes for reading）、阅读任务、阅读观念、阅读态度、阅读姿态、阅读习惯、阅读兴趣、阅读趣味等。从学术词汇的辨析度和可操作化角度，本研究用"阅读取向"一词，统括上述词汇的所指。

阅读，意味着有一个特定的阅读者。读者的阅读目的、阅读任务等，决定其阅读取向。比如为了检索和获取信息而阅读，为了学习知识而阅读，为了参与社会公共事务而阅读，为了丰富个人的文学生活而阅读。

不同的阅读目的、阅读任务,形成不同的阅读取向。

但阅读取向并不等同于阅读目的、阅读任务。它可以成为一种阅读态度、阅读姿态、阅读习惯而相对独立地存在,甚至成为一种阅读的观念。柯勒律治在一文中睿智地区分出四种读者:(1)海绵型,读什么吸收什么,随后又几乎原封不动地吐出来,只不过有点脏了。(2)磨砂玻璃型,什么都留不下,只满足于把书翻完,为的是消磨时间。(3)过滤袋型,只把阅读过程中的渣滓留下了。(4)钻石型,不光自己读书受益,还使别人也受益。① "钻石型"读者,就是会主动阅读的读者,他们善于与文本对话。四种读者,习惯性地表现着迥然相异的阅读取向。

阅读取向,有常态、异态和变态之分。

1. 常态的阅读取向

在通常的情况下,具有较高阅读能力的读者们一致采取的阅读取向。

常态的阅读取向,读者的阅读目的,一般是与作者所采用的语篇类型的功能相一致。比如把小说当小说读,把诗歌当诗歌读,把散文当散文读。阅读是一种社会性的交往活动,"作者写作是希望读者分享他们所表达的意义,从而成为互相理解的群体中的一分子"②,"学习阅读就是加入这个群体"③。取向常态是一种需要学习才能获得的阅读能力。

2. 异态的阅读取向

就是基于合理的目的、任务,而采取的与通常的阅读不一致的阅读取向。

异态的阅读取向,往往是高度职业化的。比如小说,编辑校对样稿,

---

① 博比·尼特.阅读:阅读技巧指南[M].贺微,等,译.重庆:重庆出版社,2004:8.
②③ 佩里·若德曼,梅维丝·雷默.儿童文学的乐趣[M].陈中美,译.上海:少儿出版社,2008:79,79.

是一种读法；语言学家统计某种句法的使用情况，是一种读法；社会学家想知道当时人的饮食习俗，是一种读法；依据小说中的描写，研究那时的服饰样貌，则是另一种读法。企业家"水煮《三国》"或从《水浒传》看出企业管理的道道，是异态阅读取向的独特读法。

3. 变态的阅读取向

就是扭曲的阅读取向。基于某种错误的观念，而采取的一种奇特的阅读取向，会有意或习惯性地曲解文本。

变态的阅读取向，是阅读和学习阅读最大的陷阱。钱理群先生曾举过一个例子①：他所接触的大学中文系的学生，拿到小说问的第一句话往往是："老师，这篇小说的'主题'（即'中心思想'）是什么？"钱先生说：捧起一篇小说，不是用自己的心去触摸它、去感受它，而是习惯性地执意去"概括"，往往还是套用某种现成的公式去"概括"所谓的"主题"，"那么这种人已经与文学无缘了"。显然，那种"已经与文学无缘"的"阅读能力"，是我们中小学阅读教学一直在培养的。大量的事实证明，我们也的确把学生培养起来了，尽管到了大学，文学教师要花十二分的力气将它"通通磨掉"。

笔者曾随机抽取语文教材的一篇议论文，问学生："这篇文章的观点对不对？"学生一起回答："对！"我又问学生："这篇文章写得好不好？论证是不是严密？语言是不是恰当？"学生又纷纷回答："好！严密！恰当！"于是我问学生："这篇文章我们都还没有读，你还不知道它写的是什么，更不知道它是怎么写的。请问：你们凭什么说它观点对、论证严密、语言恰当？凭什么？"显然学生从来没有被人这样诘问过。我们的学生在语文教学中一直在做的所谓阅读，就是这样一种近乎盲目的"朝拜

---

① 王丽，编. 中国语文教育忧思录 [M]. 北京：教育科学出版社，1998：62.

取向":一篇文章还没有读,甚至不用读,就知道它对,就知道它好。这是很怪异的。

阅读取向问题,实质是"哪一种阅读"的问题。

明晰"哪一种阅读",是研究阅读能力和阅读能力测试的前提。研究阅读能力和阅读能力测试,要牢牢扎根于常态的阅读取向,要注意与高度职业性的异态的阅读取向相区隔,尤其要防止落入变态的阅读取向大陷阱。

二、阅读方式

"一位读者要追求的目标——为了娱乐、获得资讯或增进理解力——会决定他阅读的方式。"① "哪一种阅读",势必要连贯到"如何阅读"。阅读取向不仅仅是目的、任务,也不仅仅是态度、姿态、习惯、观念,它会外化为与其取向相一致的阅读方式。

人们平常所说的"如何阅读",实际上有两个层面:一是宏观的、战略层面的"大方法",由阅读取向而外化的阅读方式。一是微观的、战术层面的"小方法",某种语篇类型的具体的阅读方法。

如何阅读 { 战略的——特定的阅读取向——特定的阅读方式
         战术的——某种的语篇类型——具体的阅读方法

阅读方法的"战略层面"与"战术层面"

阅读方式,可以从多个角度描述,不同角度的描述互有交叉重叠。

---

① 莫提默·J.艾德勒,查尔斯·范多伦.如何阅读一本书[M].郝明义,朱衣,译.北京:商务印书馆,2004:18.

例如：

1. 从阅读行为的角度。朗读、默读，精读、略读、速读、泛读、跳读等。

2. 从文类的角度。最大的文类划分是三大类：虚构的纯文学、写实的杂文学（散文等非虚构文学）、非文学的实用性文章。三大文类有截然不同的阅读方式。

3. 从学科的角度。例如数学（学科）阅读、历史（学科）阅读、地理（学科）阅读等。不同的学科有各自特点和学科阅读方式。

4. 从认知活动的角度。如 PISA[①] 依据"读者阅读文本的目的和方法是什么"所描述的"获取与检索""整合与解释""反思与评价"。

5. 从熟练阅读者经验的角度。古人读书法所说的"熟读精思""厚积返约""虚心涵泳""披文入情""出入法"等，其实都是特定阅读取向的、战略层面的阅读方式。

阅读取向与阅读方式，本是一体两面。但久而久之，一些抽象程度很高的阅读方式，很容易被忽视其内含的阅读目的、阅读取向。比如朗读、默读，精读、略读、速读、泛读、跳读等。联系阅读目的、阅读取向，才能较好地理解这些阅读方式，从而较有效地学习和应用。

好的阅读者，阅读目的、阅读取向与阅读方式，是一致的。为了检索和获取信息，通常是速读、跳读；为了学习知识，必需精读；为了丰富个人的文学生活，自然用文学的阅读方式，披文入情；阅读传统经典，要反复精读、熟读精思。

差的阅读者，阅读方式与阅读目的和取向分裂，甚至南辕北辙。比

---

① 2018 年的 PISA 阅读测试框架在认知方面改用"认知策略"。

如以抽象概括的方式"体会"作者的情感,用表情朗读的方式"获取"新闻的信息,用扫读法(scanning)、跳读法(skimming)"品味"散文,以论点、论据的标签法"学习"古文,以死记硬背法"理解"学科教材内容等。

三、与语篇类型的对应关系

阅读取向、阅读方式,与语篇类型有较紧密的对应关系。对应有两种情况。

(一)较明显地对应

如果阅读取向较直接地体现为阅读方式,阅读取向、阅读方式与语篇类型的对应关系就较明显。

比如,文学阅读的取向直接表现为文学的阅读方式,又分化为小说、诗歌、散文各自的阅读方式——把小说当小说读,把诗歌当诗歌读,把散文当散文读。

理论性文本、指示操作程序的说明书、科学等学科的教科书、学术论文、各类图表非线性文本、新闻消息等,阅读方式与阅读取向有明显的一致性,因而阅读方式与语篇类型的对应关系也较明显。上述语篇类型都有相应的阅读方式,并连贯到与取向相匹配的具体的阅读方法。例如:理论性文本,通常是理解性阅读;指示操作程序的说明书,则需要边读边做的操作性阅读。

因为对应关系明显,阅读者往往习以为常,甚至习焉不察。"有能力的读者不知不觉地将这些(语篇类型)惯例和准则吸收进他们的阅读经验,而对阅读具有制约作用,使得读者解释作品的半自觉活动成为可能。"[1]

(二) 较迂回地对应

如果阅读取向较隐蔽地内含于阅读方式,阅读方式与语篇类型的对应,要落到具体的阅读方法才能显现。

朗读、默读,精读、略读、速读、泛读、跳读等,这些从阅读行为角度描述的抽象程度很高的阅读方式,就是这种情况,其阅读方式较隐蔽地内含着阅读取向。

当我们谈论这些阅读方式时,比如精读、略读,似乎与阅读取向不发生关系,因而也难以觉察到它们与语篇类型的联系。

但是,一旦要实施这些阅读方式,实际的阅读活动必然要落实在特定语篇类型的具体语篇。这样,精读、略读就要具体化为小说的精读、散文的精读、教科书的精读、学术论文或学术著作的精读等等,而不同语篇类型,所实施的阅读方式及其具体的阅读方法,是有很大差别的。

比如阅读技术文章,精读的要点是:[2]

1. 定义与术语。在阅读任何技术性的文章时,首先你必须从了解术语着手。

2. 举例。举例有助于澄清抽象原则。

3. 分类与列举。作者运用分类来归纳广泛的细节。

4. 对比的运用。借呈现相反的状况,凸显复杂的资料。

---

[1] 转引自:王先霈,王又平,主编. 文学批评术语词典 [M]. 上海:上海文艺出版社,1999:469.

[2] 隆恩·弗莱. 有效阅读 [M]. 尤淑雅,译. 广州:广东新世纪出版社,2001:86-99.

5. 因果关系。因果关系是科学研究的基本探索方法，阅读技术性文章，你必须认清这种关系及其意义。

而阅读童话等小说，精读的要点①：

1. 把描写具象化。
2. 读取人物。
3. 发现故事，体验情节。
4. 寻找主题。
5. 探求主题结构。
6. 聆听叙事声音，辨识聚焦者。

再比如科技文的"情报阅读"，略读的方法是这样的：

1. 阅读文章的标题。
2. 阅读内容概要。
3. 阅读小标题。
4. 注意图表的内容。
5. 阅读每一段的第一个句子。
6. 快速地浏览段落的其余部分。
7. 阅读最后一个段落。

这显然与阅读长篇小说的"略读"很不一样。

---

① 佩里·若德曼，梅维丝·雷默. 儿童文学的乐趣 [M]. 陈中美，译. 上海：少儿出版社，2008：86.

即使朗读，也隐含着与一些语篇类型的对应关系。各类图表的非线性文本、混合文本无法朗读；在常态的阅读中，理论性文章，指示操作程序的说明书，科学等学科的教科书、学术论文或学术著作等，从不朗读。适用于朗读的，不同语篇类型的朗读法也各不相同：诗歌是朗诵，故事是讲述，戏剧是表演，绘本是演绎，话本小说是说书，新闻是播报，会议报告是口述，通知告示决定等公文是宣读，其语速、语势、语气、停连、重音、节奏等，都有不同的讲究。

事实上，人们谈论阅读和阅读方式时，都自觉或不自觉地预设了某类或某些类的语篇类型。心理学家所研究的"阅读"，基本上是短篇故事类文本的"连贯阅读"；人文学者呼吁读书，其心目中的书往往是思想文化的经典著作；文学家倡导阅读，实际上是文学阅读，甚至是童话小说阅读；管理者和企业家谈阅读，谈的往往是经济学、管理学方面书籍的"致用性阅读"。据本人的研究结论，我国中小学语文教师教阅读、中考和高考语文考试考阅读，基本上是在教散文阅读，主要是在考查散文阅读能力。

无论是承认还是刻意回避，为测试而设置的特指的阅读活动，所测试的总是特定取向的、特定阅读方式的、特定语篇类型的阅读能力。

总之，脱离了具体语篇就没有阅读这件事情！而具体语篇，总是特定语篇类型的具体语篇；常态的阅读取向，就是与语篇类型的功能相一致地阅读。

人们平常所说的"如何阅读"，实际上讲的是：基于某种特定取向的阅读方式，去理解特定语篇类型的文本关键点的方法。

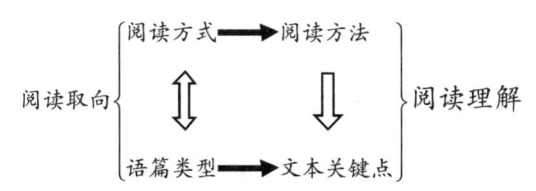

图1　阅读取向、阅读方式与语篇类型的关系

阅读取向、阅读方式与语篇类型的对应关系，国际上有较广泛影响的阅读测试，如 PIRLS、PISA、NAEP 等，都有清晰的认识。

PIRLS 在论述文本类型时指出，文本类型与阅读目的是严格对应的："为文学体验而进行阅读"的文本是文学文本，最重要的形式是叙述性小说；"为获取和使用信息而阅读"的文本是信息文本，如日记、信件、传记、个人账本、议论/劝说性文章、说明性文章等。

NAEP 项目明确指出[①]：阅读目的主要与文本类型相关，不同的阅读目的决定了不同的阅读方式。文本的属性会影响阅读理解过程，不同的文本类型必须用不同的方式和方法去阅读，好的读者善于调整阅读行为来适应所读的文本类型。文学类文本例如小说、诗歌、寓言等，阅读目的是为了愉悦和获得对社会、人生的新观点，因此需要从头到尾地完整阅读；而信息类文本，主要是为了获取信息，因此不必完整地阅读。NAEP 阅读使用的文本分两大类：一是文学类，包含小说、非小说文学作品与诗歌；二是信息类，包含了说明类文本、议论性文本、程序性文本。为了进一步描述文本基本类型，NAEP 采用"文本地图法"，从文本结构与特征/写作技巧维度，对每一种文本类型做了更加细致的客观描述，为测试的文本选择和试题的编写提供了详细的指导。

四、阅读类型

阅读取向、阅读方式与语篇类型的交集，构成阅读类型。

阅读，总是某种阅读类型的阅读。需要研究的，是择取哪一种阅读取向、关注哪一些阅读方式和语篇类型，是从哪些角度、在哪一个层级

---

① 转引自：叶丽新. 测试框架：语文考试改革的重要着眼点 [J]. 北京：中国教育学刊，2014（4）.

来描述语篇类型、来归纳阅读类型。

阅读取向、阅读方式是阅读主体方面,语篇类型是阅读对象方面。阅读类型既可以从阅读主体的角度来归纳和描述,凸显阅读取向及其阅读方式,而隐含与之相对应的语篇类型;也可以从阅读对象的角度,按语篇类型归类,而隐含与之相对应的阅读取向及其阅读方式。两种角度描述的阅读类型,有重叠交叉。

按语篇类型归类的阅读类型,如诗歌阅读、小说阅读、戏剧或戏曲剧本阅读、散文阅读、绘本阅读、传记阅读、史书阅读、新闻与报刊文章阅读、学术论文或学术著作阅读、科学等教科书阅读、知识普及读物阅读、广告阅读、公文阅读、非线性文本阅读、混合文本阅读、多文本阅读,等等。

文学的主要阅读类型,倾向于从语篇类型的视角描述。示例如下表:

表1 语篇类型视角的文学阅读类型

文学阅读类型——语篇类型的视角									
虚构文学作品阅读				综合性文学作品阅读			非虚构文学作品阅读		
叙述话语		抒情话语		绘本	影视	戏剧	散文	传记	报告文学	其他
短篇小说	长篇小说	现代诗歌	古典诗词	……	……	……	……	……	……	……
……	……	……	……	……	……	……	……	……	……	…… ……

如必要,或可再从不同维度分出亚类,如古代诗歌阅读、古代散文阅读、现代小说阅读、幻想小说阅读、文言小说阅读、古白话小说阅读、纪传体史书阅读、科幻小说阅读、侦探小说阅读等等。

在本研究中,实用性阅读倾向于从阅读取向和阅读方式的角度描述。以篇章为例,举隅如下。

1. 信息性阅读

从"可胜任文本"获取信息,艾德勒称之为"不超越理解力的阅读"。[①] 包括知道"去哪里找"的探测性阅读、知道"找什么"的搜索性阅读、知道"有什么"的检视性阅读等,通常都是快速阅读。

2. 理解性阅读

文章的理解性阅读,也称"分析性阅读",它是文章阅读的主要类型。理解性阅读,目的是读懂文章说了什么;理解文章的关键,是抓住要点;而抓住要点,要通过重要语句的把握。

然而,什么是重要语句?哪些是重要语句?这没有笼统的答案。中小学语文教学,向来有抓住文章要点、理解文章重要语句的说法,但"记叙文""说明文""议论文"的知识框架,导致"要点"和"重要语句"的抽象化。试图用一种方法去抓住所有文章的要点、去识别和理解所有文章的重要语句,其结果是造就了无所适用的"阅读方法"。

但也不是毫无规律。文章总是特定体式的文章;不同体式的文章,有不同的特性,比如学术随笔、文艺随笔、杂文和学术演讲辞等。不同体式的文章,要求有不同的读法。把握重要语句的前提,是认识文章体式的特性。按照体式的特性去阅读,往往就能比较合适地判断重要语句的所在,把握语句的方式也会比较对头和到位。

3. 操作性阅读

操作性阅读的对象,是讲述做事方法和行为方式的文章。其重点在"怎么做",或直接说明操作方法、行为规则,或通过做事原理、行为机制的阐述,指导人们合理地进行实践活动。

从阅读主体这方面看,操作性阅读有两种情形:第一种情形,是阅

[①] 莫提默·J. 艾德勒,查尔斯·范多伦. 如何阅读一本书 [M]. 郝明义,朱衣,译. 北京:商务印书馆,2004:12.

读中有操作。我们边阅读边操作,并努力把自己的阅读理解转化为具体操作,比如阅读电器使用说明书。第二种情形,是阅读后有行动。我们抱着实践的目的去阅读,并努力把自己的阅读理解落实到实践的行为中,比如阅读"如何欣赏中国文学"这类文章。

要言之,操作性阅读不仅是求"知",而且要去"做";不仅是知道别人说了什么,而且要把别人的所说与自己的实践相关联。

4. 批判性阅读

批判性阅读是批判性思维的运用。批判性思维是一种成熟的思考过程,它包括对其观点的相关证据进行评估,并最终从这些证据中得出合理的结论。

批判性阅读涉及互为关联的两个方面:一是阅读对象,二是阅读主体。着眼于前者,批判性阅读的重点,是对文章内容进行客观公正的评估,不妨称为"评估性阅读"。

着眼于后者,批判性阅读的重点,是对我们自己的观念和思想进行理性的反思,亦可称为"反思性阅读"。

5. 研究性阅读

研究性阅读,指以研究问题为目的的资料阅读,简称"研读"。研读大致包括两个方面:一是综合运用"理解性阅读"和"批判性阅读",理解和评估别人的研究成果。二是在"接受"的基础上谋求"创造",或在别人研究的基础上对问题做进一步研究,或应用别人的研究成果研究相关问题,或受别人研究的启发提出新问题并进行研究。

研究性阅读关注所讨论的主题,读者是为了研究"自己的问题"而读书。比如为了弄清"中学'文学鉴赏'的含义是什么?"而对论述"文学鉴赏"的相关书籍或论文进行研读。

研究性阅读是"双线"并进的阅读:一条是我们对"作者的问题"

的理解线路，一条是我们对"自己的问题"的思考线路。

对"作者的问题"的理解，是接收，是理解性阅读和批判性阅读的综合运用。

表2 理解性阅读与批判性阅读的区别点

阅读的类型	阅读的目的	阅读时关注的问题
理解性阅读	准确把握文章的意思	文章说了什么
批判性阅读	理性评估作者的观点	作者说得对吗

对"自己的问题"的思考，则是在接受性阅读基础上谋求创造。在接收的同时，寻求问题解决的思路：阅读这些材料，我想到了什么？它们对解决我所关心的问题有什么启示？

研究性阅读，往往涉及大量的相关材料；梳理这些材料，就进入了"同主题阅读"，即相同主体材料的比较阅读，有形的成果是"文献综述"。

6. 多重文本阅读

因阅读目的、任务，多篇文章相互联系，这也是阅读的常态。其阅读方式主要有：（1）互文阅读，如同一作者的有关联作品。（2）参读，如借助白话译文或多家解说理解古代经典名篇。（3）比照阅读，关注两个或以上文本的不同点。（4）同主题比较阅读，关注相同点和不同点。比照阅读、同主题比较阅读，都是较高思考水平的阅读方式，其前提是读者能够较好地理解相关联的各个单篇文章。

在真实情境中，有经验的读者会把书按不同的阅读目的做个性化的分类。

哲学家冯友兰把书分为三类①：一是精读书，作为学业的基础，"一一寻究，得其要领"。二是略读书，观其大略，一般了解，开阔眼界，扩大知识面。三是翻阅书，供不时之需，随手翻阅汲取。

诗人纪宇把所读之书也分为三类②：一是粗读书。浏览，知道书名、著者、主要内容就可以了。用时可以查，能找到就行。二是细读书。动笔墨，圈画，抄重点。三是常读书。爱不释手，几乎有空就看，而且反复思考；每天睡前看一会儿，外出时也随身带着，细嚼慢咽。

培训专家秋叶把书分为四类③：（1）工具书。词典一类的书，如语言类和信息技术专业类的，遇到不懂随时翻阅。（2）专业书。现代社会每个人都得懂一门专业技术安身立命，自己专业方向的书，不管是经典原著还是新书都得通读。（3）视野书。例如社会学、心理学、经济学、管理学、传播学等，有助于从多个维度观察和思考社会现象。（4）潮流书。例如商界一些名人写的随笔等。

日本高效阅读专家桦泽紫苑从效益的角度也把书分为四类④：（1）超短期投资——网络信息、报纸、周刊杂志。（2）短期投资——技能书，可以马上应用的技能。（3）中期投资——有关工作方法、学习方法等的书。（4）长期投资——有关思想、哲学、生活方式等的书。

上述个性化的分类，不同的书预示着不同的阅读取向和阅读方式与方法，实际上就是个人性的阅读类型的区分。

---

①② 王余光，徐雁，主编. 中国读书大辞典［M］. 南京：南京大学出版社，1993：287，309.

③ 秋叶. 秋叶：如何高效读懂一本书［M］. 北京：北京联合出版公司，2015：7-8.

④ 桦泽紫苑. 过目不忘的读书法［M］. 张雷，译. 北京：中国青年出版社，2016：143-144.

以获取资讯为目的的阅读[1]

以获取资讯为目的的阅读包括三种亚类型。探测性阅读以网页、书册、篇章为单位,读法是大致地"瞄一眼"标题、作者等信息,搜索与选择相关文本,目的是确定网页或读物是否具有阅读价值。搜索性阅读是为解决一个特定问题,从陌生的文本中快速地查找到能直接回答问题的特定信息而进行的阅读,其阅读方式是扫读。检视性阅读的目的是高效地了解一个陌生文本的整体概貌和主要内容。检视性阅读,亦称"浏览"或"预览"。浏览或预览,是非常主动的阅读,所采用的阅读方法,是循着知识读物或信息类文本的语篇类型的特征、特点,进行有规律的跳读。

资讯,指纸质文本中和网络媒体上的有用的信息。这些信息是阅读者以前所不知道的,而在搜索到或给定的文本中可以直接查询到。

以获取资讯为目的的阅读,意思是通过阅读,"知道"那个原来所不知道的信息。"知道"这个词,取其最基本的词义,相当于注意到了、见到过了、听说过了。所读的文本是阅读者能够连贯阅读的可胜任文本,

---

[1] 本文原载《语文建设》2023 年 01 上半月,有修改。

或者是超过其理解力的文本但只需达到粗浅阅读的水平；所获得的资讯，一般只是临时或临场要用，未必需要长时记忆。

以获取资讯为目的的阅读，有时要在许多文本中搜索和选择相关文本，有时是在内容较多的文本中检索到特定的信息。不管哪一种情况，都有较紧迫的时间要求，因此需要较熟练地运用浏览、跳读、扫描、速读、略读等阅读方式。要熟练地运用这些阅读方式，必要条件之一，是要熟悉语篇类型的特征，包括文本形式和文本体式。以获取资讯为目的的阅读有以下三种亚类型。

一、知道"去哪里找"：探测性阅读①

（一）阅读情境

从阅读情境看，以获取资讯为目的的阅读，大致是以下四种情况：

1. 随机的。如随手翻阅书报杂志，无特定目的的网上冲浪，对某个广告、海报感兴趣或被吸引等。看似是随机而不经意的，其实往往是由机构、商家等刻意推送的。

2. 被推送的。如被人手塞了的小广告或介绍产品或公司等的小册子，上下楼电梯四周张贴的广告、通知，网络页面置顶或滚动的瞬时消息，手机微信等。

3. 被要求的。如因他人要求，需要即刻告知相关信息；因工作等任务要求，要求即刻知晓某些信息；在阅读测试中被要求快速找到文本中

---

① "探测性阅读"有时也作含义更宽泛的用法，统指本文的"探测性阅读""检视性阅读""搜索性阅读"。王余光，徐雁，主编. 中国读书大辞典 [M]. 南京：南京大学出版社，1993：358.

指定的信息。"被要求"有时是隐含的,一些公共信息被认为是相关的人们应该知道的。比如一些法律法规、政策性文件,又如服务公约、面试须知、招生简章、会议通知等,都假设相关人员是应该事先知晓的。

4. 主动查询的。因个人的需要或兴趣,去主动查询一些特定的信息。比如要选择个人旅游的路线、要参加专业证书考试、想知道某个物件的使用方法、想了解某部电影的内容或某本书在说什么等等。

前两种情境,基本上是"被送来"的信息,如果要严肃对待的话,就需要批判性思维和批判性阅读。

以获取资讯为目的的阅读,主要指后两种阅读情境,即被要求的或主动地获取资讯。

(二)阅读方法及其能力要求

要获取资讯,首先要知道"去哪里找"有用的信息。信息储存在网络的网站网页中,信息在辞典、手册、教科书等书籍杂志里。为获取一个特定的资讯,在海量的信息库里,去哪里找?

这就需要进行探测性阅读。

探测性阅读,以网页、书册、篇章为单位,读法是大致地"瞄一眼"标题、作者等信息,搜索与选择相关文本;目的是确定网页或读物是否具有阅读价值。

就数字阅读而言,是运用网络的导航工具和检索工具,查询与解决特定问题相关的网站网页。对纸质阅读而言,相当于书店买书或图书馆借书时的选书过程,或者在一本杂志里挑选想要读的文章。目前,大部分纸质文本都有对应的电子文本,以往通过书籍杂志翻阅的查询工作,现在一般都可以借助于网络进行,即转变为数字阅读。

数字阅读所面临的问题,是"信息太多",而且真伪难辨、良莠混杂，在方便人们便捷查询的同时，也带来了大量的无关信息、伪劣信息的随时干扰。要剔除伪劣信息、要排除大量的无关信息、要高效地找到自己可能需要去读的材料，这取决于以下三项关键能力：辨别信息源的可靠程度，判断信息是否相关，对信息的质量进行形式评估。

1. 辨别信息源的可靠程度

信息源，包括信息发布的平台、发布者身份以及发布的时间等。

优先要查询的信息源，如正式颁布的法律、法规，国家和地方政府、企事业单位公布的通知、通告、规定、规程等文件，经审定的工具书、教科书、使用手册等。

一般而言，政府网站或企事业单位的官网，发布的信息，可信、可靠。真实具名发布的信息，比化名或匿名发布的信息可靠。发布时间过久的信息，很有可能是过时的信息。

引用、转述别人言论的二手材料或转手材料，不太可靠，甚至很不可靠。

评论、介绍、广告等，其可靠程度，视信息发布的平台、发布者的信誉而定。

2. 判断信息是否相关

判断信息是否相关，其难易程度，视所要解决的问题而有不同。

问题越具体，判断越容易。比如要了解看病如何挂号、如何缴费，如何申报纳税，如何报考，等等。

如果问题较为笼统，甚至只有一个大致的主题或话题，判断是否相关就会有较大难度。比如家长想知道辅导幼儿学习该看哪些书，职场人士想知道为提升自己的能力该学习什么，大学生想知道研究某方面学术问题需要找到哪些参考文献，等等。

3. 对信息的质量进行形式评估

网络的信息往往是碎片化的，查询一个主题，哪怕是尽量缩小的主题词，也有成百上千乃至数万条可能相关的信息。除了辨别信息源的可靠程度之外，还应该对所打开文本的质量做初步的评估。信息的质量主要体现在信息内容上，因此要查看信息的要素是否完整、比较不同信息的质量、看所需信息是否足够。

(三) 探测性阅读的成效

探测性阅读应取得的成效，是以下三个方面：

1. 高效地找到了相关的、可靠的信息源。找到了自己需要阅读的网页、书籍或篇章，或者复制、粘贴文档内容，或者下载文档到文件夹，或者购买、借阅图书杂志。

2. 同时，明确了阅读所找到的文章或其他网络资源的具体目的。即知道"我为什么要阅读这个材料？"，并且知道"自己在阅读时应该留心什么？"

3. 同时，积累了关于信息源的知识。也就是说，知道了如果以后再要查询这个信息或者与此直接相关的信息，可以"去哪里找"。

(四) 关于信息源知识

在当今的网络时代，知道信息源，从某种意义上讲，比知道具体的信息更加重要。

具有相关的信息源知识，知道参与公共事务、学习新知识、完成工作任务等较可靠的信息源，并能在需要时加以有效利用，这也是国民语文能力的构成要素之一。

加拿大学者乔治·西蒙斯在《网络时代的知识和学习——走向连通》

一书中，把知识分为三类：(1) 硬知识。就是基础性知识、经典性知识，这类知识已经高度结构化了。(2) 软知识。指那些还没有被结构化的知识，一般是新产生的知识，这类知识变化很快、不太确定，就像网友每天提供的知识。(3) 连通性知识。获取知识的线索、途径、管道。① 西蒙斯认为：管道比管道里的内容更重要，而且我们必须经常更新我们的管道。②知道哪里有某类知识，或者知道谁那里有某类知识，比知道知识具体是什么以及怎样应用这些知识更重要。

关于信息源的知识，主要来自以下一些途径：

1. 相关的工具书、推荐书目、专业网站等

如：专业辞典，文件汇编；重要学术著作中的参考文献；专家推荐的必读书目等。可靠的专业网站，需查询信息的官方网站网页。

2. 购书网，读书贴吧，各类书评和同事、同伴、同学、网友的推荐

日本高效阅读专家奥野宣之曾用一个类比的说法：潜水艇有"主动声呐"和"被动声呐"两种声呐系统。主动声呐是靠自身发出声波的反射状态来进行计量的，而被动声呐则是靠接收其他船只或潜水艇发出的声波来活动的。也许你觉得主动声呐听起来很厉害，但是广泛使用的恰恰是被动声呐。"人类也是，最先贯彻的应该是'被动声呐'，也就是通过报纸、杂志、书籍和电视等途径，尽可能多地捕捉日常生活中接触到的信息，把感兴趣的书名或主题都写在笔记本的随想笔记里。"③

3. 购书网站、图书馆等随便翻翻、随意看看

购书网站、图书馆等随便翻翻、随意看看，知道那些书大致讲什么。即使是专业读者，大部分书其实也是这样读过的。例如诗人纪宇所说的

---

①② 转引自：王竹立. 碎片与重构：互联网思维重塑大教育 [M]. 北京：电子工业出版社，2015：79-80.

③ 桦泽紫苑. 过目不忘的读书法 [M]. 张雷，译. 北京：中国青年出版社，2016：59.

"粗读书"：浏览，知道书名、著者、主要内容就可以了。① 用时可以查，能找到就行。

4. 放在书架里的书

如果有条件，陆续购置一些与所关心领域相关的书籍。这些放在书架里的书可能永远都不会去读，但知道有这些书，跟从不知道有这些书不可相提并论。按照我的经验，书架里的绝大部分书都是我没有读过的，目前也不打算读；但是如果需要研究一个问题，或者想了解某个内容，我知道在书架里有哪些书是可能有用的。

培训专家秋叶的经验之谈："我这个人好奇心特别旺盛，好多书是为了满足好奇心而读，谈不上什么特别的目的；大部分书买回来草草浏览一遍，让自己对某个领域有个概念，当然也许有些概念将来就变成了我的一个兴趣关注点。像对管理学、经济学、心理学、历史类、人文类书籍的阅读兴趣，我就是这样慢慢培养出来的。"②

5. 检索自己的阅读记忆

对专业人员，尤其建议把已经读过的书，如大学的教材等，放在能随时看到的醒目的位置。我曾多次向小学和中学语文教师建议，把中师或大学时代的教科书找出来，放在办公室的书架上，碰到语文教学内容的问题时，第一反应应该是到这些教科书上去找答案。

据我的观课经验，语文教师教唐诗和教宋词在教学内容上几乎没有差别，这显然有问题：通常是既没有教到唐诗的要紧处，也没有教到宋词的要紧处。"能不能教出点唐诗、宋词的特点来？"对啊，语文教师通常认可这个要求。但是，他们问："唐诗、宋词的特点是什么？"找大学

---

① 王余光、徐雁，主编. 中国读书大辞典 [M]. 南京：南京大学出版社，1993：309.

② 秋叶. 秋叶：如何高效读懂一本书 [M]. 北京：北京联合出版公司，2015：9.

教科书呀！唐诗、宋词的特点，显然不需要语文教师"研究"，去大学教科书中找到答案就对了。可惜，好像语文教师都不记得他们在中师或大学里，曾读过的教材——不仅忘记了学过的内容，而且好像从来不知道有过这样的内容，甚至从来就不知道有这些教科书一样。

《秋叶：如何高效读懂一本书》的封底，刺目地写道："我曾经问过学经济学的同学，有没有读过经济学领域的？如果看到国内报道的财经新闻，比如股价涨跌、某些行业遭遇整体性危机、一些政府指令效果不佳，能否用学过的经济学知识做个分析？答案往往是没有想过。"① 忘记了曾学过的知识、不会应用学过的知识，这当然有问题；但是，如果连曾经学过这件事情、曾经拿过的那些书都不记得了，那就彻底有问题了。补救的办法，就是把曾经学过、读过的教科书找出来（如果还在的话），摆到自己随时可看到的位置，随时提醒检索自己的阅读记忆——关于信息源的知识。

二、知道"找什么"：搜索性阅读

（一）阅读情境与阅读方式

搜索性阅读，是在相关的、相对可靠的信息源获得的陌生的文本中，或者在给定的一个或一些陌生文本中，为解决一个特定问题，快速地查找到能直接回答问题的特定信息。所要查找的信息，一般是事实性知识，主要有两类：（1）具体事实的细节，如谁、何时、何地、何事、怎样、多少数量、什么关系等；（2）名词的含义、术语的定义。

---

① 秋叶. 秋叶：如何高效读懂一本书［M］. 北京：北京联合出版公司，2015：封底页.

数字阅读是用搜索工具进行关键词检索，所依赖的能力与探测性阅读相类似，关键是要能够辨别信息源的可靠程度。

搜索性阅读主要用于纸质文本。其阅读方式是扫读，英文是 scan，意思是像雷达扫描那样快速扫过可能相关的语段，锁定包含要找信息的语句并加以理解和记录。扫读是视读，以词群为单位快速阅读，区别于以字为单位的音读。从整体材料找出具体信息，要搜索的内容越具体，扫读越容易。最直观的例子是在一页电话号码中找出一个特定的号码。

扫读不同于跳读，一般也不用于熟悉的文本——以前读过或刚阅读过的文章。在熟悉的文本中找一个没记住（不能回忆）的特定信息，是信息的"再认"，其阅读方式是依据回忆进行跳读，例如学生在语文课上到刚读过的课文中去找谁说了那句话。

但是，如果在一个熟悉的实用性文本中找阅读理解时一般都不会注意到的细节，比如找出这一页有多少个句号，就要用扫读。如果要到一个间隔较长时间的熟悉文本中去找一个特定信息，例如我记得在某本书上有某句话，但却想不起这句话在书的哪一页了，在引用做注时，可能就要用扫读去确认在哪一页并校对所引用的文字。

（二）搜索的单位与语篇类型

在陌生的文本中查找一个特定的信息，并不是漫无章法地硬找；就像雷达，既不是无目标地瞎扫，也不是漫无边际地乱扫。扫读的关键，是牢记要"找什么"，并合理地尽量缩小搜索的范围。

搜索性阅读的搜索单位是词语、语句、语段。要合理地缩小搜索范围，就要对所读文本的语篇类型，尤其是篇章结构有较充分的了解，包括线性文本、非线性文本和混合文本。比如词典的条目、使用说明书、操作手册、营养标签、旅游地图、地铁线路图、景点介绍、纳税申报表、产品保修书等等。

(三) 搜索性阅读中的理解

经扫读快速锁定所找的信息，只是搜索性阅读的第一步。关于具体事实的细节的资讯，通常可以到这一步为止，记忆或抄录所读的词语、语句即可。

但关于词义、术语的定义，往往还需要第二步，即仔细阅读语句、语段，加以充分理解。比如要查的是本文中的"搜索性阅读"的定义，经扫读查到了这样一句："搜索性阅读是在相关的、相对可靠的信息源获得的陌生的文本中，或者在给定的一个或一些陌生文本中，为解决一个特定问题，快速地查找到能直接回答问题的特定信息。"但是，搜索到了这一句，并不等于阅读者获取了资讯。要获取资讯，必须把书上的语句转化为阅读者的理解；阅读者能够用自己的话来转述他对这一定义的理解，书上的语句才会成为对阅读者有用的信息。换句话说，在这种情况下，搜索性阅读的能力是四项：

1. 锁定包含要找信息的语句（注意）。
2. 结合自己的经验加以理解（提取）。
3. 用自己的话转述（重新组织）。
4. 记忆或记录（记忆）。

非线性文本和混合文本中的图形、表格、示意图等，也是这样，能找到需要的信息点，也只是第一步；还需要把图形、表格、示意图的信息转化为自己的叙述性语言，才能达到获取资讯的目的。相应的能力要求是：

1. 锁定包含要找信息的词语或图形（注意）。
2. 结合自己的经验解释图形、表格、示意图（提取）。
3. 用自己的话转述（重新组织）。

4. 记忆或记录（记忆）。

(四) 搜索性阅读的成效

搜索性阅读的成效，是快速地查找到能直接回答问题的特定信息并加以利用。

扫读，要么查找到并把它准确地记录下来，要么不能准确地找到要查找的内容或者不能正确地记录下来，理解不是100%，就是0。[①]

三、知道"有什么"：检视性阅读

(一) 阅读情境与阅读方式

检视性阅读，是在找到相关的、可靠的信息源之后，或者对给定的一个或一些文本，进行系统而快速的跳读，目的是在不细读的前提下，高效地了解一个陌生文本的整体概貌和主要内容。比如刚探测到的某官网的网页或手机APP，将要读的一本知识性读物，将要读的一个信息类文本。

官网的网页或手机APP，是检视其页面分布的结构，了解主题目录及其内容组织的框架，了解搜索引擎的功能和使用方法等。具体到已探测到的文本，屏幕阅读的阅读方式大体与阅读纸质文本雷同。

检视性阅读，通常称为"浏览"。如果阅读者后续对该文本还要进一步再次阅读，则称为"预览"。浏览或预览所采用的阅读方法，是循着知识读物或信息类文本的语篇类型的特征、特点，进行有规律的跳读。

---

① 艾比·马克斯·比尔. 如何阅读：一个已被证实的低投入高回报的学习方法[M]. 刘白玉，等，译. 北京：中国青年出版社，2016：162.

跳读，意思是对读物或文本的一些部分，跳过去不读；但是，跳读的关键不是跳过去不读的部分，而是不可以跳过去的那些要读的部分。①对要读部分，有些内容可速读，有些则要求仔细阅读并加以思考。

浏览或预览，是非常主动的阅读。要想熟练地运用跳读，并达到有效甚至高效的阅读水平，必须熟悉相应的语篇类型的特征。

(二) 一本知识读物的检视性阅读

以书中的篇、章、节为单位。一本知识读物的检视性阅读，没有固定的顺序；但按照下面的顺序，可以较好地把握一本书的概貌——随意翻翻也不能说不是检视，但效果差、效率低。

1. 琢磨书的封面，思考书名，尤其是副书名。书名传递很重要的资讯，包括书的主题、书的类型、书的风格等。例如《如何有效阅读一本书——超实用笔记阅读法》②（以下简称《超实用笔记阅读》），书名告知读者这是一本致用类的书籍，重点是"笔记阅读法"，非常实用的"笔记阅读法"可让你达到有效（高效）阅读的成效。

2. 关注书的封底，往往是书的内容概要，有时是推荐人对书的评议。例如《超实用笔记阅读》封底页上部，是每句居中分行排列的六个问句：

以往读过的书，你还记得多少？

说出自己喜欢的书很容易，但你能答出如下问题吗？

◎这本书讲了什么内容？

---

① 艾比·马克斯·比尔. 如何阅读：一个已被证实的低投入高回报的学习方法[M]. 刘白玉, 等, 译. 北京：中国青年出版社, 2016：165.

② 奥野宣之. 如何有效阅读一本书——超实用笔记阅读法[M]. 张晶晶, 译. 江西人民出版社, 2016.

◎你最喜欢书的哪一部分？

◎这本书对你有什么影响？

◎它的优点又在哪里？

3. 略读腰封的作者和译著介绍等信息。封面的腰封和封底的腰封，出版者会充分利用，尽量提供重要的信息。例如《超实用笔记阅读》，封面的腰封有"作者介绍"和"内容介绍"，介绍作者"坚持使用笔记本记录"并创造了"一元化笔记读书法"。封底的腰封是展示出版社"后浪小学堂（第二期）"书系的其他图书，有《透视谎言：跟牛津专家学超实用破谎术》等10本。

4. 跳读前言或引言。抓住要点，相当于一篇信息类文本的跳读法。

5. 研读目录页。包括章节的形式、章节标题和章节顺序。目录是一本书的构架，体现作者写书的纲要。例如《超实用笔记阅读》一书，有"用笔记管理读书生活"等五章，每章下面有10个左右的主题式小标题，研读其目录页，可以对该著的主题、主要内容和各章的关系，有相当清晰的认识。

6. 挑几页感兴趣的内容，跳读或略读。

7. 后记（如有），跳读或略读。

8. 书的版权页。注意出版时间，包括译著原文的出版时间。出版时间提示该书写作的时代背景，暗示作者可能持有的观点。例如艾德勒的《如何阅读一本书》，英文修订版是1972年，作者的序言又告知其第一版的出版日期在1940年。时至今日，这本名著仍然是讲述阅读方法最清晰、最到位的一本书，然而该著的出版时间，毕竟提醒我们还要去关注1970年代以后关于阅读的研究。事实上，在1970年代之后，学者们才开始篇章阅读心理学的研究。

9. 参考文献（如有），大致浏览。著作的参考文献，是研究相关专题的重要的信息源知识。《超实用笔记阅读》没有列出参考文献，尽管书中对相关文献多有引述。有一本同类的书——《这样读书就够了》①，参考文献共列了 26 本书，除了用于举例的职场小说《杜拉拉升职记》，全都是美、英、日等外版书，这至少透露了国内对阅读方法研究的现状。

10. 索引（如有），大致浏览。较为正式的大学教科书，一般都有主题或术语索引，便于学生联系不同章节的相关内容。

(三) 一个信息类文本的检视性阅读

以篇章中的段落为单位②。一个信息类文本的检视性阅读，也没有强制的固定顺序；然而，按照文章小标题和段落的先后顺序浏览，可以更好地理解作者的思路，从而较快地把握文本的内容框架。

信息类文本有众多的语篇类型，如论辩——劝说性文本和说明——阐释性的文本，正式语域的文本和非正式语域的文本，书中的一个章节或一个独立的单篇文章，以及不同的学科领域，乃至中西方的不同文化，其语篇类型，都有较大的差异。因此，熟悉语篇类型的特征，就十分重要了。

例如公文类、新闻消息等，因其格式固定，阅读以快速浏览为主。理科或工科的论文是"国际化"的，各有较固定的"套路"；心理学的论文都是按照"问题的提出与实验目的""实验的对象、方法与程序""结果与分析""讨论""结论"的格式来写的，如果具备相应的学科知

---

① 赵周. 这样读书就够了 [M]. 北京：中央广播电视大学出版社，2012：247-248.

② "段落是第一思维单位，所有句子共同构成同一个观点。段落是我们速读时注意的第一个单位。""95% 的段落主题句都在第一句。" 彼得·孔普. 如何高效阅读 [M]. 张中良，译. 北京：机械工业出版社，2015：106.

识并且对那些语篇类型的格式"套路"比较熟悉,快速浏览就较为容易。而我国的文学研究者,尤其是二十世纪的前辈学者,所写的"论文"多是散文化的,带有较强的文学性以及个人的色彩,比如选入高中语文教材的《谈"木叶"》(林庚)、《唐诗过后是宋词》(葛兆光)等,基本上不能也无法"浏览"——文学作品可以有、事实上读者也经常进行探测性阅读,以确定自己是否愿意读这个作品;但是,如果不想破坏文学性文本的阅读体验的话,就不能有、事实上也无法做检视性阅读。也许绘本(图画书)是个例外。①

由于主要参考文献都是西方学者的著述(国内的著述其实也是复述或转述),浏览一个信息类文本的"阅读地图",是"西方"式的描述和归纳,主要适用于较正式语域的、较长篇幅的说明——阐释性的文本,尤其是知识读物中的一个章节。

据称"美国首屈一指的高效阅读权威专家"②艾比·马克斯·比尔,在《如何阅读:一个已被证实的低投入高回报的学习方法》一书中,对信息类文本的"阅读路线图",有精确而生动的描述:

1. 旅程名称——题目。

2. 出发地点——引言段,即文章的第一段,有时还要看第二段。

3. 沿途大城市——小标题。

4. 沿途小镇——每段首句③。

5. 其他有趣的地方——图表与题注、黑体字、项目符号、脚注(告

---

① 彭懿. 图画书应该这样读 [M]. 南宁: 接力出版社, 2012.

② 艾比·马克斯·比尔. 如何阅读: 一个已被证实的低投入高回报的学习方法 [M]. 刘白玉, 等, 译. 北京: 中国青年出版社, 2016: 封底页.

③ "段落是第一思维单位,所有句子共同构成同一个观点。段落是我们速读时注意的第一个单位。""95%的段落主题句都在第一句。"彼得·孔普. 如何高效阅读 [M]. 张中良, 译. 北京: 机械工业出版社, 2015: 35.

知信息来源或对文中提及的特定主题给出更多的解释等)、作者信息等、文章长度、文中文(工具栏,文本框)、版权登记日(写作的时代背景,暗示作者可能持有的观点)。

6. 各条道路——每个段落的展开内容,略去不读。

7. 旅程目的地——概要或者结束段。

8. 旅程是否完成——结尾问题(适用于课本)。①

用"地图"引领阅读,这种精心的浏览过程使你熟悉作者的写作框架,从而在开始前就掌握阅读的方向。

(四) 检视性阅读的成效

检视性阅读的成效,是能够回答"这本书或这篇文章的主要内容是什么?"

具体说,是回答以下四个问题:

1. 这是一本什么样的书或一篇什么样的文章?依照主题领域与书的种类或语篇类型分类。

2. 这本书或这篇文章谈的是什么?用最简短的话概括内容主题。

3. 作者在书或文章中想要解决什么问题?确定作者想要解决的理论问题或实际问题。

4. 作者用怎样的整体架构来发展他的观点或陈述他对这个主题的理解?将主要部分按顺序与关联性列举出来。②

获取资讯,唯一的证据就是"记住"。研究表明:(1)进一步阅读

---

① 艾比·马克斯·比尔. 如何阅读:一个已被证实的低投入高回报的学习方法[M]. 刘白玉, 等, 译. 北京: 中国青年出版社, 2016: 98.

② 莫提默·J. 艾德勒, 查尔斯·范多伦: 如何阅读一本书 [M]. 郝明义, 朱衣, 译. 北京: 商务印书馆, 2004: 144.

书或文章的细节，对仅以记住"这本书或这篇文章的主要内容是什么"为目的的阅读，几乎没有作用。换句话说，在这种情况下，进一步阅读书或文章的细节，基本上是自我安慰式地浪费时间和精力。（2）如果不能够用最简短的话概括内容主题，并用大纲、表格、图示等方式整理框架结构，要想在以后能够记住"这本书或这篇文章的主要内容是什么"，这几乎是不可能的。隔不了多长时间，这本书或这篇文章就很可能毫无印象，至多只保留一个信息源的知识。

如果阅读这本书或这篇文章的目的仅止于获取资讯，阅读到此为止，并以大纲、表格、图示等方式整理框架结构。

如果后续对该文本还要进一步再次阅读，"预览"的成效还要追加下列两项：

1. 明确了阅读所找的文章或网络资源的具体目的。

即知道"我为什么要阅读这个材料"并且知道"自己在阅读时应该留心什么"。

2. 进一步明确阅读文本的具体目的。

即知道"我为什么要阅读这个材料"并且选择了自己所要阅读的部分内容。

如果是学科阅读"预习"阶段的"预览"，包括自学、微信群或线下的同伴互学、学校教学或职后培训等情境，则再要追加两项：

1. 阅读（学习）之前的系统性提问：关于学科"专业问题"、关于"我想知道的问题"。

2. 关于这个话题，我已经知道些什么？

上面择要介绍了"以获取资讯为目的的阅读"三种亚类型：探测性阅读，搜索性阅读，检视性阅读。我国新一轮基础教育改革正在积极引进"问题情境"中的探究学习并开展本土化实践,"以获取资讯为目的的阅读"对"问题情境"中的探究学习非常重要;探究过程中所需要的"资源",要知道"去哪里找"、知道"找什么"、知道"有什么"。学会"以获取资讯为目的的阅读",掌握探测性阅读、搜索性阅读、检视性阅读的阅读方法,在当今已成中小学生需要优先发展的能力。

程序性文本的操作性阅读[①]

程序性文本主要有两种类型：动作技能的操作步骤，具体活动的行为流程。程序性文本采用操作性阅读，阅读中要有操作，边阅读边操作，边操作边阅读。操作性阅读，与其说是"阅读"，不如说是"学习"，通过阅读学习技能。而技能的学习，主要是在阅读之后，通过不断练习达到精熟的水平。通过自我发现"主观错误"的学习，是操作性阅读在练习阶段最重要的能力。

教学设计权威专家梅里尔在《首要教学原理》一书里说：学校教育，尤其是职业教育，"如何做的技能通常是教学的主要目标"。[②] 程序性文本的操作性阅读能力，或许是国民最为重要的阅读能力。

[①] 本文原载《语文建设》2021年11月上半月，有修改。
[②] 原文是"如何做的成分技能通常是教学的主要目标"。"成分技能"指"解决某个问题或者完成某个复杂任务所需要的一组知识和技能组合体"。该著"使用'技能'一词统指知识和技能的组合体"。M. 戴维·梅里尔. 首要教学原理[M]. 盛群力，等，译. 福州：福建教育出版社，2016：52.

一、程序性知识与技能

(一) 知识类型

不同的知识类型，需要不同的学习方式、教学方法和评估方式，这是教学与评价的基本规律。

《布卢姆教育目标分类学（修订版）》[①] 将"知识"分为四种类型：

1. 事实性知识。分"具体细节和元素的知识"和"术语知识"两个亚类。我们在上一节讲述的"以获取资讯为目的的阅读"，所要获取的主要就是这类知识。

2. 概念性知识。结构化的知识形式，有"分类和类型的知识""原理和通则的知识""理论、模型和结构的知识"三类亚类。本章第五节《普及型理论读物的阅读》，尤其是第六节《深度理解的学科阅读》，从阅读中学习的，主要是这类知识。

3. 程序性知识。关于"如何做某事"的知识，指做某事的方法、探究的方法，以及使用技能、算法、技术和方法的准则。有"具体学科的技能和算法的知识""具体学科的技术和方法的知识""确定合适使用适当程序的准则知识"三个亚类。

4. 元认知知识。关于一般认知的知识以及关于自我认知的意识和知识。涉及策略性知识、关于认知任务的知识、关于自我的知识。阅读、写作、听与说等，都贯穿着元认知知识的运用。

在上述知识分类中，前两类属于学科内容知识，后两类则是过程技能。

---

① 洛奇·W. 安德森，等. 布卢姆教育目标分类学（修订版）[M]. 蒋小平，等，译. 北京：外语教学与研究出版社，2009：22.

被誉为"第二代教学设计之父"[①]的 M. 戴维·梅里尔《首要教学原理》则从"技能"的角度对知识加以分类。"技能",统指知识和技能的组合。他解释道:"知识,即我们知道的东西;技能,即我们怎么应用,这两者是有区别的。绝大多数学科内容都可以看成是一些基本的知识与技能的组合,本书使用'技能'一词来统指知识与技能的组合。一种成分技能是知识与技能的组合,这是解决复杂问题或者完成复杂任务所必需的。"[②] 梅里尔把"技能"分为五种类型:

1. 是什么。关于事实、联系。相当于《布卢姆教育目标分类学》(修订版)里的事实性知识。

2. 有什么。名称,描述。涉及事物和过程的各个部分。例如我们在上一节讲述的检视性阅读——知道一个网页、一本书、一篇文章"有什么"。

3. 哪一类。也就是概念性知识。

4. 如何做。步骤与顺序。也就是程序,要求完成一组步骤以达成某种结果。主要与"具体学科的技能和算法的知识"相联系。本节所讲的程序性文本,就是描述或指示这一类技能的文本。

5. 发生了什么。条件与后果。涉及较大的程序,通常称之为"过程"。大致相当于"具体学科的技术和方法的知识"。[③]

很显然,上述分类中的"如何做"和"发生了什么",也可以统称为"过程技能"。

[①] 盛群力. 译后记 [A]. 见: M. 戴维·梅里尔. 首要教学原理 [M]. 盛群力,等,译. 福州:福建教育出版社,2016:514.

[②③] M. 戴维·梅里尔. 首要教学原理 [M]. 盛群力,等,译. 福州:福建教育出版社,2016:48-49,49-53.

(二) 过程技能的"知与行"

上述两个角度等知识分类，揭示了过程技能的两个方面：知与行。

过程技能，只有通过"练习"才能掌握。但"练习"与"机械操练"不是一回事；"练习"是知行合一。

"程序性知识"这个术语，凸显了过程技能"知"这一侧面。首先要"知道"并在一定程度上"理解"关于"如何做某事"的知识，即做某事的方法、探究的方法，以及使用技能、算法、技术和方法的准则。比如写一个字，按笔顺和字的间架结构写，这是技能；但前提是对为何这种笔顺好、汉字的间架结构特点、提笔和落笔的要领等有所了解，要"知"使用技能的准则。

凸显过程技能的"知"这一侧面，对正确理解过程技能、对过程技能的有效教学，都是非常重要的。

但"程序性知识"这个词，也会带来一些麻烦；就因为它仅仅指称了程序性知识"知"这一个侧面。

"程序性知识通常以需要遵循的一系列或序列步骤的形成出现。"[①] 梅耶说得言简意赅："程序：一步一步的过程。"[②] 威金斯和麦克泰更直截了当："技能目标具有天然的程序性。"[③] 过程技能，本质是"行"——动作行为或认知行为。

[①] M. 戴维·梅里尔. 首要教学原理 [M]. 盛群力，等，译. 福州：福建教育出版社，2016：40.

[②] 理查德·E. 梅耶. 应用学习科学——心理学大师给教师的建议 [M]. 盛群力，等，译. 北京：中国轻工业出版社，2016：60.

[③] 格兰特·威金斯，杰伊·麦克泰. 理解为先模式：单元教学设计指南（一）[M]. 盛群力，等，译. 福州：福建教育出版社，2018：147.

心理学家斯特兰·奥尔松甚至认为①:"程序性知识"这个术语本身就有误导,恰当的称谓应该是"实践性知识"。"实践性知识是目标、情境(或一类情境)和行动(或行动类型)的三方联合。""有能力、知道做什么就是指什么时候、在哪些条件下应该做什么(以及不应该做什么)。"

二、程序性文本的特点

(一) 程序性文本的内容

程序性文本的内容,相当于梅里尔所说的"如何做"技能。程序性文本描述或指示做某个活动的步骤与顺序,目的是使阅读者(学习者)知道"如何做"并学会"如何做"。主要有两种类型:动作技能的操作步骤,具体活动的行为流程。

1. 动作技能的操作步骤

如洗手的标准七步法,灭火器的使用方法,健身操的动作要领,菜谱的应用,照相机调光,填写一张电子表格,制作思维导图,技术手册中的操作程序等。PISA阅读测试框架把这一类文本,归并入"描述类文本"。

---

① 斯特兰·奥尔松. 深层学习:心智如何超越经验 [M]. 赵庆柏, 等, 译. 北京:机械工业出版社, 2017:103-104.

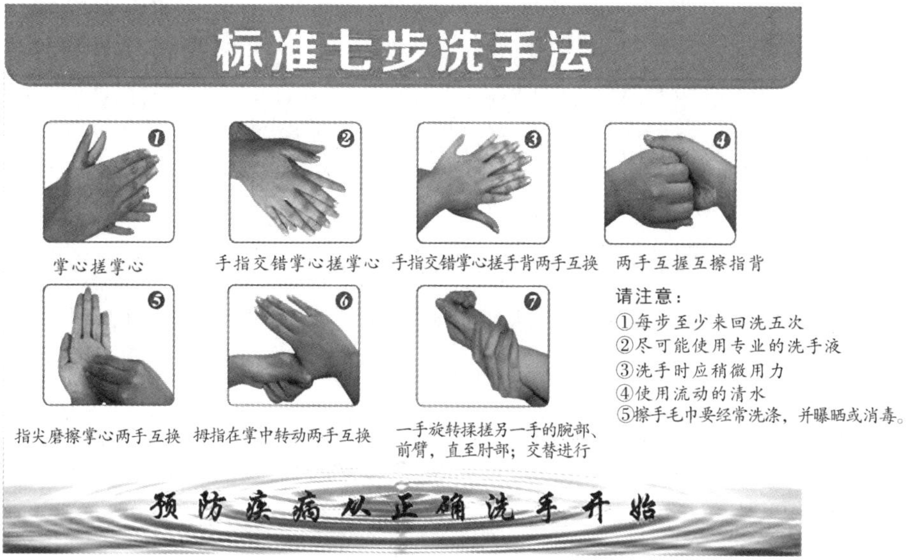

图1　程序性文本："标准七步洗手法"

2. 具体活动的行为流程

有些比较具体，分步介绍活动的操作顺序；有些比较概括，给出行为流程的主要顺序，或提出注意事项。

如急救程序的图解，软件使用指南，人员招聘和面试的程序，接打商务电话的规则，教学的教案编制规范，等等。PISA阅读测试框架把这一类文本，归并入"指示类文本"。

(二) 语篇类型的特征

程序性文本，包括纸质文本、视频课程、网络在线课程等。

1. 文本形式多样，有线性文本、非线性文本、混合文本。关于动作技能的操作步骤，大多是混合文本，有文字描述或指示，有图形示例，如动作示意图、活动流程图等。视频课程、网络在线课程，大多是视频、图片与声音或文字的混合。

2. 一个较完整的文本，一般有三部分的内容：介绍原理或功用，说明动作步骤或行为流程的要领，列举注意事项。但在具体的文本中，三部分内容的组织和表达，情况各异，往往是混合在一个语段甚至一个语句中。如下述这个语段：

用干粉灭火器扑救容器内可燃液体火灾时，应从火焰侧面对准火焰根部，左右扫射。当火焰被赶出容器时，应迅速向前，将余火全部扑灭。灭火时应注意不要把喷嘴直接对准液面喷射，以防干粉气流的冲击力使油液飞溅，引起火势扩大，造成灭火困难。

3. 语言平实并力求简洁。短小的语句往往大量使用省略，有时可能会过分简要，如非线性文本所描述的动作行为，多用短语而不是完整句子；有时为了表述准确到位，则使用句式较为复杂的长句，如上面灭火器使用的那个语段中的三个句子。因重点在动作步骤或行为流程，所以介绍原理或功用的部分，往往比较概略，因而需要阅读者具有相应的背景知识才能较好地理解。

4. 名词较多，且多是所涉及领域的术语。如上例中的"干粉灭火器""容器""喷嘴""液面""气流""冲击力"等。有些看似日常用语，但语义理解的要求比日常使用要严格，比如《标准洗手七步法》中的"掌心""指尖""指背""腕部""前臂"等。动词也是，有严格的语义，如洗手例子中的"搓""擦""搓擦""转动""旋转"等，理解到位并不容易。

5. 本来是连贯的动作步骤或行为流程，受制于线形的语言只能分条或逐项表述。例如《商务电话18条黄金规则》①：

◇ 电话铃响了3声或4声之前迅速拿起电话——打电话的人不喜欢等得太久。

◇ 笑着接听电话，你的笑容会通过你的声音显示出来，这会让你显得更加友好。

◇ 打电话时，要确信这个时间对对方来说很方便。

◇ 在应答电话时，要做口头上的问候，告诉对方你的姓名、公司名称及所属部门。

◇ 要表现出对对方的理解，可以用温暖友好的语调和他迅速建立起关系来。

◇ 可以通过询问来获得信息，也可以通过求证的方式来明确你已理解了的信息。

◇ 如果可能的话，尽量迅速准确地回答对方的问题；如果你无法帮上忙的话，那么就告诉他们你能够为他们做什么。

◇经常性地用一些提示语言向对方表示你正在听，例如"是的""我明白"或"对"之类的。

◇ 向对方重复一下他告诉你的姓名、电话号码、传真，以保证你记下的是正确的。

◇ 做个记录，记下所有必要的信息。俗话说得好："好记性不如烂笔头。"

◇ 向对方求证一下所有的重要信息，也就是你们正在讨论的问题。

---

① 林·沃克.电话技巧[M].王辉,译.北京：中国社会科学出版社，2001：46-47.

◇ 应该记下他们的详细信息，并向他们保证你一定会把他们的消息传达到合适的人那里并要求他们回电话。

◇ 全神贯注于打电话给你的人。没有人能够同时和两个人谈话又能获得双方的全部信息。

◇ 将注意力集中放在当前的这个电话上，不要问一些无意义的话来打断对方。

◇ 牢记通话双方都应该知道他们在与谁谈话。

◇ 双方协商好要采取的方案。

◇ 结束电话时再确定一下你的记录。

◇ 适当的结束方法。不管在什么环境下，都该在结束时证实一下讨论的所有问题，并感谢对方为此花费的时间和精力。

6. 程序性知识是实践性知识，其中蕴含着许多无法用语言表达的缄默知识。换句话说，用语言和文字来描述的动作步骤或行为流程的要领，只能是执行或实施的大致轮廓，其中许多细节的需要阅读者（学习者）在不断尝试练习的实践中自行揣摩才能领悟。比如洗手例中的"搓"，用多大力、轻重如何？这在文字和示意图中并没有标示，但在实际操作时却可能是影响效果的重要细节。把分条列举的各步骤，组合成一个流畅的完整过程，这中间需要阅读者（学习者）自行补充许多细节。

三、操作性阅读及其难点

操作性阅读是一种十分特殊的阅读方式：阅读中要有操作，边阅读边操作，边操作边阅读。操作性阅读不仅是求"知"，而且要去"做"。尤其是动作步骤或行为流程那部分内容，阅读必定是断断续续，几乎要一句一句地阅读理解，阅读一句需练习数遍，才能把别人书本上的语句，转化为自己阅读理解的实际操作。

如果抱着阅读小说或新闻那种心态，那是无论如何都读不懂程序性文本的。像上面举例的《商务电话18条黄金规则》，600个字，差不多就18句话，但要真正读懂，要把别人书本上的话转化为自己的连贯的操作技能，说不定是一门要花数天时间的培训课程。哪怕是看似简单的《洗手标准七步法》，要真正读懂学到，恐怕对大多数人来说，都不是一件容易的事情。

对大多数人来说，程序性文本是"挫折型文本"；因为程序性文本的语篇类型特点，几乎都是阅读时的难点。

1. 略读（skim）全文，按介绍原理或功用、说明动作步骤或行为流程的要领、列举注意事项这三个方面，梳理内容。这或许需要重新组织文本的内容结构。

2. 重点在于读懂动作或流程的分解示意图。反复对照图示与文字，分步熟悉每一个动作步骤或行为流程的要领（大致轮廓），边阅读边尝试操作。

3. 参考注意事项，反复推敲语句中的名词与动词，结合自己的生活经验和相关知识，对照示意图揣摩步骤操作的一些细节。

4. 边操作每一动作步骤或行为流程，边用自己的话解说自己的动作或行为。（在教学中，用"你说我做"的教学方法。）

5. 将分条表述的各步骤连贯起来阅读理解，在头脑中想象连贯动作，并尝试做连贯的动作。

四、阅读后的练习：通过"主观错误"学习

操作性阅读，与其说是"阅读"，不如说是"学习"，通过阅读学习

知识和技能。对学习新知识和技能来说，阅读是学习的开始，而不是学习的结束。真正的学习、主要的功力是在阅读之后。

操作性阅读的特殊性，不仅体现在阅读中，也体现在阅读后。

程序性文本的阅读（学习），在阅读后要延续较长的一段时间。"具体学科的技能和算法的知识"这类程序性知识，要通过不断练习达到精熟的水平，亦即达到能够（无须有意识地）自动化执行。比如写字的技能、正确坐姿、洗手标准七步法、灭火器使用、健身操、急救程序、软件使用、接打商务电话等等。

达到自动化执行的途径，是练习。但练习，不完全是坚持去做的意思。

技能的学习分为三个阶段：开始是"入门"阶段，也就是我们上面讲的边阅读边操作、尝试连贯的动作行为；中间是"掌握"阶段，也就是我们目前讨论的练习阶段；最后是"优化"阶段，主要通过内隐学习进行，在实践中熟能生巧。

认知心理学家斯特兰·奥尔松深入地研究了"练习"，通过计算机模拟揭示了"练习"之所以有效的机理。他在《深层学习：心智如何超越经验》一书中论述到[①]：技能，初学者通常是别无选择地"在工作中学习"的，就像"被扔进游泳池的深水区"。但是，"如果在工作中学习是唯一的选择，那么依赖后天习得技能不会成为原始人成功生存的策略"。"相反，技能通常是通过练习而习得的。在练习中，学习者反复尝试执行一项他尚未完全掌握的任务，目的不在于得到某种结果，而在于提高任务的掌握程度。"

练习阶段，偏差在所难免。如果不及时加以矫正，就会形成错误的

---

① 斯特兰·奥尔松. 深层学习：心智如何超越经验 [M]. 赵庆柏，等，译. 北京：机械工业出版社，2017：97-98.

动作行为习惯。只要看一看学生写字时的坐姿、做广播体操的动作、洗手的样子，就会知道及时矫正有多么重要。为什么明明做得离谱，学生却不能改正呢？因为他们在练习时没有意识到自己的错误。只有将实际客观存在的"客观错误"，转变为行为者能够主观意识到的"主观错误"①，错误才能得到注意并通过进一步练习加以矫正。那么，怎么才能使行为者意识到自己的"主观错误"呢？奥尔松解释道：在教学或培训情境，靠老师或培训者的提醒反馈。②

由此看来，学生坐姿、洗手等，真是教师和家长的失职造成的。那么在自学的情境中呢？通过程序性文本的操作性阅读来学习某项技能，相当于自学的情境，只有练习者能不断地主动将自己难免有偏差的动作行为与"标准"做比照，才有可能自我发现"主观错误"。

而"标准"，就在入门阶段的程序性文本中，也就是那些动作或流程的要领——轮廓和细节、步骤及连贯。

正如通过教学视频来学习游泳的人在练习过程中还要不断重看视频一样，通过程序性纸质文本学习一项技能的人，也需要不断地回看所依据的阅读材料——在练习阶段，重看、回看视频或文本，目的是发现自己动作行为的偏差，并补充学习可能遗漏的要领和细节。

一些重要的动作技能或行为流程的文本，往往张贴在生活、学习和工作的场所，其目的就是时常提醒、以供对照。比如"洗手标准七步法"张贴在公用水池边，写字的标准坐姿图张贴在学校的教室，实验规范流程挂在实验室的墙上，《商务电话18条黄金规则》也应该会挂在电话咨询机构的显著位置。（可惜，张贴这些文本的人，往往忘记了为什么要张贴！）

---

①② 斯特兰·奥尔松.深层学习：心智如何超越经验[M].赵庆柏，等，译.北京：机械工业出版社，2017：119，111.

通过自我发现的"主观错误"学习，是操作性阅读在练习阶段的最重要的能力。缺乏这项能力，要么形成错误的动作行为习惯（如果是一项全新的技能），要么退回原样而放弃学习（如果是一项改进的技能）。换句话说，通过阅读程序性文本而学习技能，很可能全无成效。

五、关于操作性阅读的进一步讨论

买了一个新型号的手机或一台笔记本电脑、一台电视机或洗衣机，你是否能读懂它们的使用说明书，你能否按说明书的操作程序完成所需要的设置？明明每个字都认识，但怎么也读不懂使用说明，磕磕绊绊怎么也搞不定设置的操作，这样令人尴尬的挫折似乎很多人都遭遇过，包括那些能够流畅阅读莎士比亚的文人学者。

这是怎么回事呢？为什么会普遍地出现这样的状况呢？正是这样的提问，引发了日本学者外山滋比古的对阅读和阅读教育问题的系统思考，形成了对其思考进行系统整理的《阅读整理学》一书。

外山滋比古提出，有两种不同性质的阅读：一种是 α 型阅读，一种是 β 型阅读。

α 型阅读 "是根据既知已经验过的事物所产生的言语活动"[1]，也就是基于已知的阅读。对文章提到的事物本身，读者虽然没有直接具体的经验，却拥有同类型的知识和经验；阅读已知的东西，通常只要了解文字就可以理解内容。有时虽不能确定文字的意思，还是可以掌握文章的大意。

与此相对的是 β 型阅读。β 型阅读 "是为了认识未知事物而展开的

---

[1] 外山滋比古. 阅读整理学 [M]. 吕美女, 译. 北京：北京联合出版公司，2014：101.

言语活动"①，也就是认识未知的阅读。认识未知的阅读，只能从语言文字去理解内容，典型代表就是学校的教科书。认识未知的阅读面对两面墙：一是语言文字，如果不了解陌生的词语便读不懂；二是语言文字所指的事物，就算了解文字或词汇的意思，但是读完文章依旧如堕五里雾中，对文章所言说的未知事物不知所云，往往会造成误解。②

外山滋比古认为，α型阅读相当于幼童基于熟悉情境的"母乳语"，他称之为α型语。β型阅读相当于学校教育情境的"离乳语"，用抽象的词语表达事物的概念，他称之为β型语。③α型和β型是一个连续体，α和β两个端点之间，形成偏α或者偏β的各种样态。④

|α 型　　　　　　　　　　　　　　　　　　　　　β 型|

图2　α型阅读和β型阅读的连续体

从《阅读整理学》反复申说的三个例子看，外山滋比古所说的α型阅读和β型阅读，大致是三种情况：

1. 以自己的阅读经验为例，由于对板球比赛的球队、球员及其专业术语一无所知，在他看来，阅读报纸上板球比赛的新闻消息，比阅读莎士比亚的作品要难得多。⑤

2. 作者被选入语文教材里的一篇文章有一句："所用的词语与想要表达的实际事物之间，并无必然的关系。"一班小学生用词典查了每一个词的词义，却还是读不懂，致谴责信要求作者"改正"。⑥

3. 一些语言文学专家"抱着想要快速读完一遍就完全理解的想法"读文字处理机的使用说明书，惨遭挫折却不反思自己的阅读能力，反而

---

①②③④⑤⑥　外山滋比古.阅读整理学［M］.吕美女，译.北京：北京联合出版公司，2014：101，57-59，98-100，90-91，31-35，3-8.

振振有词地谴责写说明书的人。同样的例子还有教授读不懂报税的程序方法。①

上述三个例子，都涉及两方面的问题：一是相关的背景知识的问题，不具备相关的百科知识和生活经验。二是特定阅读方式的问题，不具备这种阅读方式的阅读能力。

阅读理解需要阅读者具备相应的百科知识和生活经验，学习知识需要唤醒和补充相关的知识和经验，学校教育需要时刻牢记"学生总是带着自己原有经验和知识来学习的"②，这在当前已经成为常识。

外山滋比古的思考比其他论者深刻的地方，在于以特定阅读方式来界说特定的阅读能力和学习能力，并由此展开对阅读和阅读教育问题的系统思考。

首先，关于儿童阅读教育的问题。儿童阅读教育，主要通过学校的语文教学，从儿童熟悉的生活入手培养识字、解句、分段、读篇的基础阅读能力，所读的语篇以儿童文学作品为主。在幼儿和学龄初期，儿童文学作品所展示的世界，是未知的事物；但久而久之，未知变成了既知，而语文教学又用许多额外的材料和讲解，让原本充满未知要素的作品，被误想成已知的东西，最后只做到 α 型阅读，停滞于所能读的作品类型③。

英国前阅读学会主席博比·尼特还指出了另外一种现象：在包括语文教材在内的少儿读物中，有些语篇类型是儿童读物所特有的，她称为

---

①③　外山滋比古. 阅读整理学 [M]. 吕美女，译. 北京：北京联合出版公司，2014：9-13，110-112.

②　约翰·D. 布兰思福特，等. 人是如何学习的：大脑、心理、经验及学校（扩展版）[M]. 程可拉，等，译. 上海：华东师范大学出版社，2013：13.

"教诲式语篇"。① 教诲式语篇，是作者以成人教诲小孩子的姿态和语气语调来讲述知识的语篇。它有三种类型：一种是知识类，类似于我们中小学语文教材中的"说明文"，比如《死海不死》《看云识天气》等；一类是叙事类，类似于专为小学语文教材编写或改编的故事；还有一类，是混杂文类，用讲故事的方式讲述知识内容，作者为了避免使用一些专业术语而想方设法改用看似容易理解的同义词代替。熟悉这些语篇类型的阅读，可能对从阅读中学习知识、对以后阅读成人世界"真实的读物"造成特有的困扰。②

其次，关于国民阅读的状态。一方面，是大众阅读趣味的取向，另一方面，是出版社为追求销量而竭力迎合大众的趣味，两者不断地交互影响，形成了纯 α 型阅读和偏 α 型阅读的大众传播文化，日本大多数人只能从事偏 α 型的阅读方式。"离开学校之后，一生再也没有机会接触 β 型阅读的人，并不在少数。"③

"一本接着一本读完手边的书，真的比没有读书好吗？"④ 对此，外山滋比古的回答显然是否定的。他认为 β 型阅读才堪称真正的阅读："β 型阅读是所有学科的基本阅读方式。"⑤ "β 型阅读成为产生新思考和新认识的工具，其功能非常重要。"⑥ "学校担负的最重要的任务，就是培养学生阅读未知的能力。"⑦

美国教育研究专家伦泽和加德纳，发现学校中的三种类型的读者⑧：

1. 接受型阅读。被作者牵着跑的读者。书面的材料是基于读者的先前经验的，在这种情形下，读者不需要开动脑筋，因为书上的内容他们

---

①②⑧ 博比·尼特.阅读：阅读技巧指南 [M].贺微，等，译.重庆：重庆出版社，2004：108，108-110，18-19.

③④⑤⑥⑦ 外山滋比古.阅读整理学 [M].吕美女，译.北京：北京联合出版公司，2014：102，136，113，101，60.

完全有能力应付自如。接受型阅读常出现在记叙文的阅读中。也就是上面所说的 α 型阅读。

2. 思考型阅读。出现在读者深入思考内容的时候。可能不会像接受型阅读中那样把书从头读到尾，而是读一句或一段之后停下来想一想。这种类型的阅读更有可能出现在说明文中，因为书中的材料有可能对读者来说是全新的。也就是上面所说的 β 型阅读。

3. 排斥型阅读。经常出现在中学阶段。读者对某一特定内容或题目没有什么背景知识，并且发现有那么多他们从未接触过的知识和概念，他们根本无法真正理解那些东西。也就是上面所说的停滞在 α 型阅读而无法适应 β 型阅读的状况。

学校教育和社会文化，造就了一批只能进行 α 型阅读的国民，而只能进行 α 型阅读也就意味着排斥 β 型阅读。

在所有的排斥型阅读中，程序性文本的操作性阅读尤为突出。因为学校教育几乎没有教①，因为谈论读书的高雅人士似乎认为程序性文本的阅读不登大雅之堂。美国著名阅读心理学研究专家 Ken Goodman 承认："我们或多或少都有点功能性文盲。"② 他自嘲地说，自己读不懂合同，"你（指读者）也别期望我能看懂教人编织的书"。③

然而，正如教学设计权威专家梅里尔在《首要教学原理》里所说的，学校教育，尤其是职业教育，"如何做的技能通常是教学的主要目标"④。

---

① 在中学语文教材中，只有王荣生、倪文尖主编的高中语文实验课本（试编本）第五册中有一个操作性阅读单元，也只有一篇课文是程序性文本的操作性阅读。王荣生，倪文尖，等，编写. 国家课程标准高中实验课本（试编本）：语文必修·第五册 [M]. 上海：上海教育出版社，2007：102-134.

②③ Ken Goodman. 谈阅读 [M]. 洪月女，译. 台北：心理出版社，2005：77, 77.

④ M. 戴维·梅里尔. 首要教学原理 [M]. 盛群力，等，译. 福州：福建教育出版社，2016：52.

程序性文本的操作性阅读能力，或许是国民最为重要的阅读能力。

　　阅读心理学专家读不懂合同，不能读懂教人编织的书，笔者也对程序性文本的阅读深感发怵；但是，这是一件可以自谅、可以夸耀的事呢，还是一件应该引以为羞愧的事？如果大部分国民乃至全体，对学校教育的主要目标——阅读记载"如何做"的程序性文本，都是功能性文盲，那么谈论语文教育、谈论国民的语文能力和语文素养，还有意思吗？

自我导向的致用性阅读[1]

"方法类读物"是为解决生活、学习、工作的实际问题提供具体方法、策略或者方法论指导的图书和文章。有明确的致用目的是"方法类读物"常态阅读的最主要特征。致用性阅读是以读者的致用目的为主导的阅读活动。致用性阅读真正的阅读对象，是书中某章节的一个节选片段或单篇文章的一个节选片段。读者在阅读理解时必须加入自己的理解；加入自己生活、学习、工作曾遇到的实际问题并反思在这一情境中"发生了什么"；加入把所学的方法或策略用于具体情境的想象。致用性阅读的最终目的是学以致用，把自己已学到的方法或策略，迁移应用到新的情境。

阅读，总是某种阅读类型的阅读。自我导向的致用性阅读是一种重要的阅读类型，在生活、工作和学习中普遍存在。让中小学生经历自我导向的致用性阅读，形成这种阅读类型的阅读经验并初步掌握其阅读方法，是语文课程与教学的重要职责之一。但这种阅读类型以往较受忽视，语文老师对这种阅读类型的了解也很不够。本文阐述"方法类读物"的

---

[1] 本文原载《语文建设》2022年09上半月，有修改。

特征，解说致用性阅读的要领，以增加语文老师对这种阅读类型的了解，提升对这种阅读类型的教学指导能力。

一、"方法类读物"的类型特点

信息是资源，知识就是力量；获取信息、学习知识，目的都是致用。从这个意义上讲，阅读任何一本传达知识的书籍、信息类文本，都应该是致用性的。但本文所讲的致用性阅读，含义要狭窄得多，特指"方法类读物"的阅读。

"方法类读物"，是为解决生活、学习、工作的实际问题提供具体方法、策略或者方法论指导的图书和文章。它们的书名或篇名，常常有诸如"技巧""方法""策略""如何""艺术""有效""高效""学会"等词语，或者隐含着上述词语的意思。例如《如何阅读一本书》《如何说清楚，听明白》《关键对话——如何高效能沟通》《高效率读书法》《有效沟通》《思考的艺术》《倾听的艺术》《当众说话的艺术》《超级聊天术》《学会提问：批判性思维指南》《高效能人士的七个习惯》等等。

"方法类读物"的内容主题，大致可分为两类：一类是专门的，讲述某个专业领域各项工作的方法，比如教育、管理、商务等领域各项工作的方法或策略。一类是较通用的，涉及人类行为的各个方面，如思维方法、阅读方法、学习策略、沟通策略、问题解决策略等。

"方法类读物"的语篇类型特点，可以通过以下两方面的比较来认识。

(一) 方法与原理

"方法类读物"大致相当于艾德勒在《如何阅读一本书》里所界定

的"实用型的书"①，但偏向于他所界说的第一个小类。

按照艾德勒的界说，"实用型的书"有两个小类②：

第一类以行事的规则为主，例如烹饪书、驾驶指南、讲如何阅读的书等。也就是我们所讲的"方法类读物"。

第二类重在阐释规则背后的原理，历史上许多伟大的经济、政治、道德巨著就属于这一类。阐释原理的书，看似"纯理论的书"，但它与"纯理论的书"的不同点，在于它所论述的是人类行动的问题——要解决的问题终究是可以做得很好或更糟的实用的问题。因此，尽管论述经济、政治、道德原理的书籍，在书中并没有明说，但高明的读者总能从所论述的原理读出言外之意，并衍生出解决当前现实问题的一些方法、策略。

把论述经济、政治、道德的书籍，包括涉及人类行为的管理学、教育学、社会学、心理学等学科的书籍，归入"实用型的书"，这是很有见地的。确实，在严格意义上说，"一本实用型的书没有被实用（致用）地阅读……就是失败的阅读"③。

然而，读这一类看似"纯理论的书"，并且从其所论述的原理衍生出解决当前现实问题的方法或策略，在阅读方式上，毕竟与说明方法或策略为主要内容的"方法类读物"有很大差别。

这并不是说，"方法类读物"里没有原理、没有理论。"方法类读物"当然以具体的方法、策略为主要内容；但是为了说明方法、策略之所以可行和有效，还必须阐述那些方法、策略所依据的原理，有的还用较多的篇幅来阐述原理。而且，所依据的原理，还不仅仅是上述被归入

---

① 莫提默·J. 艾德勒，查尔斯·范多伦. 如何阅读一本书 [M]. 郝明义，朱衣，译. 北京：商务印书馆，2004：167. 另一译本，译为"实用性书籍"。[美] M. J. 艾德勒，等. 如何阅读一本书 [M]. 蔡咏春，等，译. 上海：上海译文出版社 1991：177.

②③ 莫提默·J. 艾德勒，查尔斯·范多伦. 如何阅读一本书 [M]. 郝明义，朱衣，译. 北京：商务印书馆，2004：169-171，171.

"实用型的书"那一类学科的原理,还包括艾德勒称之为"纯理论"领域的学科理论。比如如何阅读、如何沟通,就与哲学、语言学、人类文化学、生理学、脑科学等学科理论有关。

相关学科理论 → 所依据原理 → 具体方法

图1 "方法类读物"的理论、原理和方法

原理和理论,是"方法类读物"的重要内容;理解并相信方法、策略所依据的原理和理论,是"方法类读物"阅读理解的重点之一。

然而,它往往也是难点之一。"方法类读物"毕竟以方法、策略为其主要内容,因而在阐述原理和理论时,有时较为概要、简略;有时为了便于读者理解,作者还刻意回避一些专业术语而改用看似易懂的日常用语来表达。概要、简略,加上日常用语,如果作者处理得当,就能言简意赅且通俗易懂。但是,要将原理和理论,言简意赅且通俗易懂地传达,确实是一件很困难的事情;实际的情况往往是述说难以清透、有时还词不达意,因而反倒难以理解,或者造成误解。

(二) 方法与程序

"方法类读物"与"程序性文本"是两种语篇类型。

"程序性文本"中的"程序",是"具体学科的技能和算法的知识"。程序是规定的,其步骤或流程是固定的,执行不受具体情境影响,按步骤和流程操作所得到的结果一般也是固定的,学成之后的执行是几乎自动化的"正确"习惯。比如"洗手标准七步法",标准是规定的,无论是在家里还是在学校，凡洗手均要求按此标准执行，按七步法洗手的结果是免受细菌、病毒的侵染；如果养成了习惯，每次洗手就会很自然地七步法，而无须刻意协调动作。

"方法类读物"中的"方法"，涵盖三类知识类型：

1. 方法，即"具体学科的技术和方法的知识"①，做某件事的有效方法。比如阅读方法、演讲方法、教学方法、科学方法、研究方法等等。"有效方法"是建议性的指令，方法的实施受具体情境影响，其步骤或流程可因情境不同而有所调整；按步骤和流程操作所得到的结果，也会因不同情境而有差异；学成之后的实施则必须是主动的、由主观意识促使，有时还需要有主动努力去做的意志。

2. 策略，即策略性知识，包括策略使用的情境性知识、条件性知识等。比如记忆策略、学习策略、问题解决策略、市场营销策略等等。一般来说，策略比方法使用的领域更广泛，受情境的影响更大；尤其是与人打交道的一些策略，无论是策略的使用还是策略使用的效果，往往是因时、因地、因人而异。

3. 关于自我知识，对自己个性、能力、情绪、情感、态度、信念等方面的认识。世界上没有一模一样的两个人，东西南北，男女老少，高矮胖瘦，喜怒哀乐，各式各样的人情世态，有很大的个体差异。

为了有利于学习者关注方法、策略使用的情境，教学设计专家梅里尔把方法、策略这类知识技能，称之为"发生了什么"。

"发生了什么"技能，梅里尔定义为："从一组条件预测结果或者从

---

① 洛奇·W. 安德森，等. 布卢姆教育目标分类学（修订版）[M]. 蒋小平，等，译. 北京：外语教学与研究出版社，2009：22.

一个未曾预期的结果查明欠缺的条件。"① 这一定义，有两个要点②。

1. 条件和结果。"发生了什么"技能，由一个"如果……那么"的命题表示；如果条件成立，那么结果自然发生。比如如果有效地使用"浏览"（具备条件），那么就能快速地知道一篇信息类文本的主要内容（结果自然发生）。反之，花了很多时间阅读却不能够回答"作者在文章中想要解决什么问题"（未曾预料的结果），那一定是没有学会浏览的方法（欠缺的条件）。

2. 一组条件。条件是一个情境特征，有不同的值；结果也是一个情境的特征，它随条件的变化而变化。一组条件导致一些结果；当条件改变时，结果也相应改变。比如，同样使用"浏览"方法（具备条件），一本理论性的书与一本"方法类"的书（条件改变），所要知道的主要内容就会有很大的不同（结果也相应改变）。据说，日文的否定词是放在句末和段末的，那么日本学生学习浏览的方法，就要把浏览"沿途小镇——每段首句"这一规则，修改为浏览每段的首句和尾句并特别留意尾句中的否定词；否则就很可能会出现系统性的误解，老是把作者的意思搞反了。

方法、策略是情境性的，"方法类读物"也是情境性的。

首先，作者论述某种"有效方法"，必然基于他所置身的情境。比如讲阅读方法的书或文章，作者当然在讲他所赞赏或主张的"那一种阅读"，一定有作为前提的特定情境的预设。比如：我国古代的读书法，主要是学习圣贤"经史子集"的读书法，或者是把古文的种种技巧应用于八股考试文的阅读法。艾德勒《如何阅读一本书》，阅读的是西方历史上的"伟大的著作"。"方法类读物"，无论作者是否明说——作者往往不加明说，它们所论述的都是基于某种情境的方法和策略。

---

①② M. 戴维·梅里尔. 首要教学原理[M]. 盛群力,等,译. 福州：福建教育出版社,2016：47,53.

其次，为了证明方法、策略的可行和高效，"方法类读物"往往会举一些成功实施的案例。这些案例，其实也与构成情境的其他条件有关系。情境是由"一组条件"构成的；成功的案例，是在那样的条件下运用这样的方法、策略因而取得了显著成效。

另外，"方法类读物"中，有一些是讲述作者从自己的经验提炼出来的方法，并用自身的经历来证明该方法或策略的有效。基于自身的经历和经验，是高度情境性的，其方法或策略或许是个性化的、个人性的。

"情境"，是"方法类读物"阅读理解的关键。

是否把自己纳入"同类的情境"，决定了读者是否去阅读某个领域的"方法类读物"，决定了读者是否能够理解作者所讲述的方法、策略，更决定了读者（学习者）是否愿意将"知道了"的方法和策略应用于自己的实践。

换句话说，读者是否把自己纳入"同类的情境"，决定了"实用型的书"是否有用。

图2 "方法类读物"语篇类型的主要特点

综上所述，"方法类读物"的语篇类型主要特点，可以概括为三个词：原理、方法、情境。

二、阅读情境与阅读目的

(一)"方法类读物"的阅读情境

"方法类读物"是情境性的;读者阅读"方法类读物",也是情境化的。

在常态的情况下,读者去阅读某个内容主题的"方法类读物",大致是以下几种阅读情境:

1. 开始一段新的人生旅程,比如上大学、入职、调换到新岗位、创业、婚姻、养育孩子等等,主动学习相关内容主题的"方法类读物"。①

2. 意识到自己在生活、学习、工作中遇到了一些问题,想通过阅读相关的书或文章,找到解决问题的一些有效方法。比如关于阅读的方法、学习的策略等。

3. 为提高本职工作的各项能力,被上级要求,阅读和学习指定内容主题的书籍,相当于通过阅读参加职场能力提升的培训。

4. 听别人介绍,同学或同事推荐,也去阅读那些被赞誉"很有用"的书或文章,并期望对自己也"很有用"。

5. 平时就关注与生活、学习、工作相关的某个内容主题,经常探测"方法类读物"的书讯,时常阅读一些富有新意的"方法类读物",并有意识地谋求应用。

无论是上述哪一种阅读情境,"方法类读物"的阅读,读者在阅读之

---

① "有学者研究发现,83%的成人学习者正是为了应对生活中的转变才投入学习的,而这些转变又多数与职业有关(56%),其次与家庭生活有关(35%)。"赵周. 这样读书就够了 [M]. 北京:中央广播电视大学出版社,2012:103.

前都已经有明确的致用目的，都自知是为了解决某些或某个具体的实际问题而去阅读；即使是"被要求"的阅读，也是在阅读之前就被明确地告知要学以致用。

在阅读之前，意味着读者对书或文章的内容尚未知晓；在内容未知晓的阅读之前，就已经有明确的致用目的，这是"方法类读物"常态阅读的最主要特征。

（二）致用性阅读的致用目的

致用性阅读，是以读者的致用目的为主导的阅读活动。

这句话有两层含义：

1. 以读者的阅读目的为主导的阅读活动

任何一本书或一篇文章，都至少有两种阅读方式：一种是由作者主导的，阅读者依照作者的写作目的，完整地阅读并准确地理解文本的内容；一种是以读者主导的，阅读者根据自己的阅读目的，选择性地阅读并利用文本中的某些内容。

对同一个读者来说，在有限的阅读时间里，上述两种方式的阅读，往往不能兼得，也无须兼得。一般说，理论读物的阅读，以作者主导的阅读方式为常态；"方法类读物"的阅读，则以读者主导的阅读方式为常态。

"方法类读物"当然也可以进行以作者主导的阅读活动。例如阅读《卓有成效的管理者》，在了解这本名著深远影响的基础上，梳理整本书的脉络逻辑，对书的 8 章内容进行提炼概括。但是，这种方式的阅读，或者仅把这本"方法类读物"当成资讯，或者将这本"方法类读物"误会为理论读物，要么是一种异态的阅读（为了介绍这本书），要么是一种变态的阅读（如果目的是致用的话）——换句话说，绝不是实用型的书正常的正当读法。在这里很有必要再引用一次艾德勒的告诫："无法让一本实用型的书被实用（致用）地阅读，就是失败的阅读。"①

阅读之前就已经有明确的致用目的，并以读者的致用目的主导阅读活动，这必然导致读者对"方法类读物"做选择性地阅读，无论是对一本书还是对一篇文章。

2. 读者的阅读目的是要解决自己的实际问题

有必要区分作者在书中要解决的问题，与读者通过阅读要解决的问题。

作者写作"方法类读物"——一本书或一篇文章，他所要解决的问题，是要讲清楚所推荐的方法或策略，要阐释原理以证明方法或策略的有效、可信，要借助案例或者自己的经历表明实施方法或策略的可行、高效。作者可以解决他所要解决的问题；解决问题的结果，是较高质量地完成一本书或一篇文章，也就是读者在读的这一本书或一篇文章。

但是，正如艾德勒所说："任何一本书都不能解决该书所关心的实际问题。"②因为解决实际问题的是读者"你"，而不是作者"他"。

"你"阅读"方法类读物"——一本书或一篇文章，要解决的问题是两个：

第一个是中介目的。在阅读中，要根据自己的致用目的，有选择地阅读理解有助于"你"解决实际问题的方法或策略。

第二个是最终目的。在阅读后，"你"要在自己生活、学习、工作的问题情境中，运用所学的方法或策略使那个实际问题得以解决，或部分解决。

只有先达到中介目的，才有可能达至最终目的；但阅读中的中介目

---

①② 莫提默·J. 艾德勒，查尔斯·范多伦. 如何阅读一本书 [M]. 郝明义，朱衣，译. 北京：商务印书馆，2004：171，168.

的是否达到，判断的依据则是阅读之后"你"所要解决的实际问题是否在一定程度上得以解决。而实际问题的解决，只能靠"你"的实际行动。

致用性阅读的致用目的，贯穿"方法类读物"的阅读之前、阅读中和阅读之后。

三、完整语篇的致用性阅读

完整语篇的阅读，致用性阅读只是其阅读的预备阶段。

（一）对一本书

1. 通过探测性阅读，或利用信息源知识，或是被要求获取一本与自己要解决的实际问题"同类情境"的"方法类读物"，或者把书中可能较特殊的情境与自己所处的情境相联系，从而视为"同类情境"。

2. 预览。

3. 挑选与自己要解决的实际问题直接相关的某些或某个章节，略读。借助原理阐释和案例讲解，理解方法或策略；标记自己有感触的地方，并记录自己的感想。

4a. 选择自己最需要的、想重点学习的一个或几个方法、策略。这取决于读这一本书准备花多少时间。

"方法类读物"与其说是阅读理解，毋宁说是学习。试图通过阅读一本书，解决自己所遇到的所有问题；试图在一本"方法类读物"中学到许多方法或策略；试图阅读一遍或几遍，就学会书中讲述的方法或策略：这些都是不切实际的妄想。

4b. 如果经常阅读同类书籍，致用性阅读有丰富的经验，或许在有较深感触的同时，已联想到自己所处的问题情境，并获得解决这一实际问题的"顿悟式"启示。

在"方法类书籍"里，以某人的轶事为案例，尤其是作者用自身的经历来证明方法或策略的成效的，往往是这种"顿悟式"启示。但是，"顿悟式"启示，显然是可遇而不可求的。

5a. 节选（复印或标记）与重点学习的方法或策略直接有关的那一页或那几页。进入下节要讲的"节选语篇的致用性阅读"。

阅读是学习的开始，而不是结束。以致用为目的，学习一个有助于解决实际问题的方法或策略，相当于参加一门数天的专项培训课程；也就是说，其价值与可能要花数百、数千乃至数万元的学费相当。

5b. 如果不想进入"节选语篇的致用性阅读"，那么"你"只是"知道了"某个方法或策略而已。也就是说，这本书对"你"要解决的实际问题，没有用。而且，所谓"知道了"，通常是暂时的，隔不了多久就再无踪影。

（二）对一篇文章

无论是主动选择还是被要求，阅读一篇"同类情境"或被视为"同类情境"的方法类的文章，包括别人从某本书节选的一个章节和一个完整的单篇文章，通常都有较高的"致用"价值。

但是，如果一篇文章较短小，那么很可能它只是把方法或策略作为谈论的话题而已，因而阅读理解也只能是"知道了"而已；也就是说，这种阅读材料，其本身就不可能用于致用性阅读。我国现当代一些文人谈读书、谈读书方法、谈读书经验的文章，有不少就是这样的"无用"文章。

另一方面，如果从某本书节选的是一个很短篇幅的片段，通常意味着很难真正理解，因而也不太可能达到解决实际问题的目的。如果对那个片段有感触，最好找到片段出处的那本书去读。

1. 预览。

2. 挑选与自己要解决的实际问题直接相关的某些或某个片段，略读。借助原理阐释和案例讲解，理解方法或策略；标记自己有感触的地方，并记录自己的感想。

3a. 选择自己最需要的、想重点学习的一个或几个方法、策略。这取决于读这一篇文章准备花多少时间。

3b. 如果运气好，或许在有较深感触的同时，已联想到自己所处的问题情境，并获得解决这一实际问题的"顿悟式"启示。

4a. 节选与重点学习的方法或策略直接有关的那些或那个片段。进入下节要讲的"节选语篇的致用性阅读"。

4b. 如果不想进入节选语篇的致用性阅读，那么"你"只是"知道了"某个方法或策略而已。也就是说，这篇文章对"你"要解决的实际问题，没有用。而且，所谓"知道了"，通常是暂时的，隔不了多久就再无踪影。

四、节选语篇的致用性阅读

致用性阅读真正的阅读对象，是书中某章节的一个节选片段或单篇文章的一个节选片段。

如果一本书或一篇文章有数个节选片段，那么就应该数次进行节选语篇的致用性阅读。如果数个节选片段都指向同一个方法或策略，则视为同一个节选语篇。

对节选语篇的致用性阅读，读者要达到上述的中介目的：根据自己的致用目的，阅读理解有助于解决实际问题的方法或策略。

致用性阅读的阅读理解，并不容易。因为节选语篇所讲述的方法或策略，是"同类情境"通用的规则。只有读者联系自身所处的特殊情境,才能对通用规则有较贴切的理解,才能将通用规则应用于自己所处的特定情境。

换言之,节选语篇的致用性阅读,要求读者加入一些文本之外的东西,使方法或策略的学习得以情境化。

例如从《史上最简单的问题解决手册》这本书中,节选出语篇《肯定式探寻模型:微笑着解决问题》。① 如果省略该节选语篇的解说文字的话,它的核心内容是这样一个模型:

有建设性

负面思维	不行,因为……	好啊,那么……	正面思维
	不行!	好的,可是……	

有打击性

图3 节选语篇《肯定式探寻模型》的核心内容

那么,读者在阅读理解时就必须:

1. 加入自己的理解。联系相关章节,用自己的语言重述节选语篇中的方法、策略以及所依据的原理。

研究表明,做事效果好坏、效率高低,并不是同样的行为精熟度的差异;不同的效果、效率,是因为不同的人有不同的行为乃至行为的观念,也就是说,采用了不同的方法、策略。学习一种新的方法、策略,不仅要改变原来的行为,往往意味着要改变行为的观念。因此,理解一种新的方法或策略,往往意味着要改变自己原有的观念;而改变观念,就是对自己的思想、习惯、信念的自我挑战,往往会引发情绪、情感、态度的复杂感受,即要加入批判性反思。

---

① 该案例取自:秋叶.秋叶:如何高效读懂一本书[M].北京:北京联合出版公司,2015:121-126.

2. 加入自己生活、学习、工作曾遇到的实际问题，反思在这一情境中"发生了什么"。

加入自己生活、学习、工作曾遇到的实际问题。例如有一位读者加入这样的情境——当孩子的成绩单不理想时：

有建设性

不行，你看你们班中你其实是中游。	
笨蛋，又考砸了！	好的，可你不能考100分吗？

负面思维　　　　　　　　正面思维

有打击性

图4　"方法类读物"学习要领：加入个人性情境

反思"发生了什么"，即"从一个未曾预期的结果查明欠缺的条件"。①"未曾预料的结果"，是与自己期望相背离的结果，也就是为什么那个实际问题会成为问题；"查明欠缺的条件"，是要查明造成问题的主观原因，也就是在处理那个问题时自己所欠缺的有效方法或策略。如此这般，在这一具体情境中，有针对性地学习有助于解决这个问题的方法或策略。

有培训专家把这一步细化为几个步骤②：①回忆过去的经历或者思考将会面临的此类问题情境；②描述经历、问题；③使用节选语篇中的知识点分析你遇到的问题，看看作者是如何解决的；④记录这一思考过程

---

① M. 戴维·梅里尔. 首要教学原理 [M]. 盛群力，等，译. 福州：福建教育出版社，2016：47.

② 秋叶. 秋叶：如何高效读懂一本书 [M]. 北京：北京联合出版公司，2015：43.

的学习心得并与别人分享。

比如在上例中，作者大概会这样建议——当孩子的成绩不理想时：

有建设性

```
         ┌──────────────┬──────────────┐
负        │              │ 好，下次试试做 │        正
面        │              │ 得更好一点？  │        面
思        │              │              │        思
维        ├──────────────┼──────────────┤        维
         │              │              │
         │              │              │
         └──────────────┴──────────────┘
```

有打击性

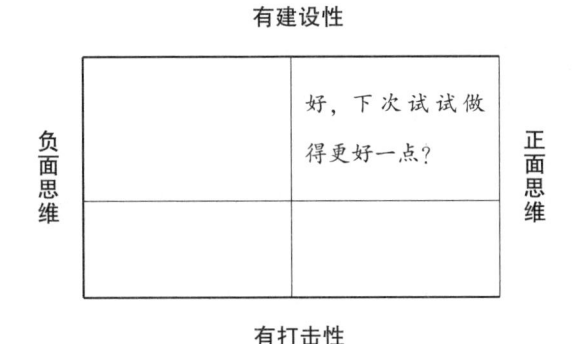

图5 "方法类读物"学习要领：加入自己的反思

3. 加入把所学的方法或策略用于具体情境的想象①

设想今后生活、学习、工作的具体情境中自己使用所学的方法或策略的具体方案，并"从一组条件预测结果"——所谓解决实际问题，并不是说原来的问题不存在了，而是说要通过使用新的方法或策略，今后不再出现同样的问题。

像任何学习计划一样，所设想的具体方案，应该满足如下标准：①特定的——你具体要干什么？②可测量的——怎么知道你获得了成功？③可获得的——目标现实了吗？④资源丰富的——你是否有足够的时间和金钱？是否有足够的相关信息？⑤有进度的——在什么时候完成各个不同的步骤？②

---

① 精神训练法，在大脑中过一遍，等于实际应用了一遍。"带有情感的中脑，不能够区分现实世界中所发生的真实事件和你在大脑中的想象。"柯林·罗斯. 快速学习新概念 [M]. 李华民，译. 郑州：河南人民出版社，2000：20-21.

② 柯林·罗斯. 快速学习新概念 [M]. 李华民，译. 郑州：河南人民出版社，2000：30.

例如上面那位读者设想了自己即将面临的一个新情境——暗恋要表白吗？

有建设性

	负面思维		正面思维
	不行，因为……	好啊，那么……	
	不行！	好的，可是……	

负面打击

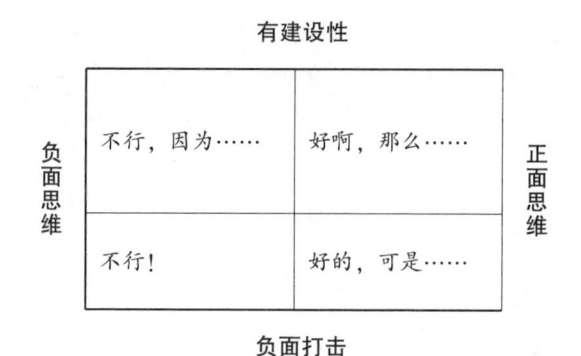

图 6 "方法类读物"学习要领：加入应用情境的想象

例如上面那位读者设想了自己即将面临的一个新情境——暗恋要表白吗？

有建设性

	负面思维		正面思维
	不行，会被拒绝	好啊，试试写信	
	不行！尴尬	好的，可你太胖了	

负面打击

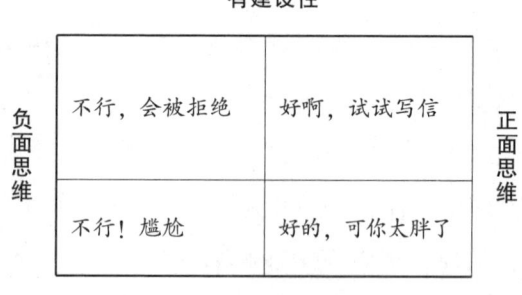

图 7 "方法类读物"学习要领：加入应用情境的想象

4. 与同伴交流

如果与同伴一起学习节选片段（如"被要求"的阅读情境），与同伴交流各自对以往问题的反思和今后行动的设想，相互评议。

阅读理解"方法类读物"的节选语篇，相当于参加一门专项培训课程。优质的培训为什么有效呢？自己通过阅读学习能不能像参加优质培训同样有效呢？致力于职场能力提升的培训师赵周解析道①：

◇图书＝核心知识（解决问题的方法或策略）＋（作者的）书面表达

◇培训＝核心知识（解决问题的方法或策略）＋（培训师的）口头表达＋I

"图书"特指"方法类读物"的节选语篇，优质图书与优质培训的区别，不在于书面表达和口头表达，而在于培训中增加了"I"。

◇I＝激活经验＋促使参与＋催化应用

换言之，"I"就是致用性阅读的能力，也就是我们在上面讲述的，在节选语篇的致用性阅读理解过程中，读者要主动加入（1）（2）（3）（4）。所以：

◇图书＋I＝培训

如果掌握"方法类读物"致用性阅读方法，那么，"读任何一本30元的致用类图书，完全能达到参加3万元培训的效果"②。赵周说得有理："方法类读物"，"你不必读完全书，更不必担心记不住，能用上一点就值回百倍书价"。③

可惜，真实的情况是，由于学校教育的失职——中小学几乎没有教过致用性阅读④，致使很大一部分国民缺乏致用性阅读能力；纵使有再多的"方法类读物"，如果阅读者缺乏致用性阅读的能力，也只能是0%的成效。

"发生了什么"技能——方法、策略，本应该是学校教育、成人学习

---

①②③ 赵周．这样读书就够了 [M]．北京：中央广播电视大学出版社，2012：37，封页，封页．

④ 在中学语文教材中，只有王荣生、倪文尖主编的高中语文实验课本（试编本）第五册中有一个操作性阅读单元．王荣生，倪文尖，等，编写．国家课程标准高中实验课本（试编本）：语文必修·第五册 [M]．上海：上海教育出版社，2007：102-134．

的主要内容。"方法类读物"的致用性阅读,事实上是国民在生活、学习、工作中最主要的阅读类型。自我导向的致用性阅读,其重要性怎么强调都不会过分。

五、阅读之后:在实施中深化理解

致用性阅读的最终目的,不仅是"理解",而且是"应用";阅读"方法类读物",不仅要思考,而且要行动。

首先,阅读后要及时行动。"研究人员发现,在看到或听到一个方法之后24小时之内就将其付诸使用,它就可能被永久使用。"[1]

学以致用,就是把自己已学到的方法或策略,迁移应用到新的情境。迁移应用大概有两种情况:

1. 在同类的特殊情境中应用。比如一本书的浏览方法应用于科学教科书的浏览,节选语篇的致用性阅读应用于企业管理的"方法类书籍"。

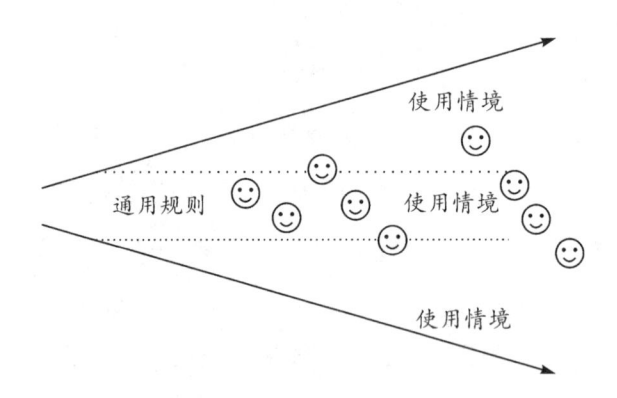

图8 "方法类读物"学习要领:应用于各种情境

---

[1] 柯林·罗斯. 快速学习新概念[M]. 李华民,译. 郑州:河南人民出版社,2000:139.

2. 在复杂的情境中尝试运用。一般说，策略尤其是与人打交道的策略，使用的情境是变化的、复杂的。比如前述的"肯定式探寻模型"的例子，那位读者要在生活、学习、工作的真实情境试图"微笑着解决问题"，想必会有种种不同的遭遇：有时圆满取得效果，有时可能结果很糟；对有些人、有些事可以用这个办法，对另一些人、另一些事这个方法行不通。

上述两种情况，其实就是方法、策略在"做"中继续"学"的两条路径：

一条是在应用中，使通用规则"特异化"[①]。比如节选语篇的致用性阅读，经常性地应用于企业管理的"方法类书籍"，从而形成具有这类节选语篇的特色的致用性阅读更为细致的方法，生成致用性阅读更为高效的个性化的阅读方法。

一条是在尝试运用中，逐渐辨析出较宽泛的策略的适合使用的"一组条件"，生成了生活、学习、工作中适合使用的情境性知识和条件性知识。比如前述的"肯定式探寻模型"。

例如在坚持尝试运用中，那位读者会慢慢摸索到一些经验，逐渐明白在什么场合、对什么样的事、对哪些人可以"微笑着解决问题"。

至此，"方法类读物"的致用性阅读，才大功告成。

---

① 斯特兰·奥尔松. 深层学习：心智如何超越经验 [M]. 赵庆柏，等，译. 北京：机械工业出版社，2017：133.